다이렉트 미디어 리포트 **1**

글로벌 미디어 NOW

코로나 팬데믹 1년,
대세가 된 스트리밍 서비스

한정훈 지음

페가수스

글로벌 미디어 분석과 전망,
기자보다 깊고 학자보다 빠르게 전한다

"기자보다는 깊게, 학자보다는 빠르게"

드디어 월간 '글로벌 미디어 NOW'를 발간한다. 이 책은 1년이 넘는 구상과 고민 끝에 빛을 보게 된 작품이다. 작품이라고 평가한 이유는 팩트와 전망을 담았지만 지루하지 않은 '노블 리포트(Novel-like Report)'를 지향하기 때문이다.

이 책의 시작은 미국 네바다 리노(Reno)다. 이곳은 인구 25만 명의 소도시지만, 실리콘밸리와 미디어 비즈니스가 주목하고 있는 새로운 정착지다. 2019년 미국 네바다주립대학교 리노캠퍼스 저널리즘스쿨(Reynolds School of Journalism)에서 방문 연구원으로 근무할 당시, 미국 미디어 시장 동향을 정리해 회사와 주변분들에게 공유하기 시작했다. 주로 코로나바이러스 대유행 이후 미디어 시장의 단기 및 중기 트렌드를 정리했다. 스트리밍 서비스, 소셜 미디어 서비스, 미디어플랫폼, 뉴미디어 저널리즘, 주요 IT 대기업의 비즈니스를 분석한 자료였다. 졸필이었지만, 주변 전문가분들이 기꺼이 읽고 조언과 평가를 보내주셨다. 2020년 귀국 후 이런 지적들을 반영해 리포트를 책으로 발전시키기로 했다. 더 많은 독자와 공유했으면 하는 자료와 글을 정리하고 시각을 담아 전달하기로 했다.

시리즈 타이틀은 독자들과 직접 소통한다는 뜻을 담은 '다이렉트 미디어 리포트'다. 중심 제목은 전 세계 미디어의 흐름을 짚어본다는 의미에서 '글로벌 미디어 NOW'로 잡았다. 소제목은 드라마 에피소드처럼 발간 때마다 바뀔 것이다. 첫번째 소제목은 '코로나 팬데믹 1년, 대세가 된 스트리밍 서비스'다.

에피소드 공개 주기는 한 달이다. 그러나 월간은 아니다. 해당 월에 발생한 뉴스와 소식만을 정리하는 게 아니라 지금 우리에게 중요하고 앞으로도 생각해야 할 미디어 이슈를 담기 위해서다. 자신 있게 말하자면, 구독해서 두고두고 찾아봐도 좋을 콘텐츠를 정리해 담으려고 한다. 이 책에는 미디어와 관련한 각종 언론 보도, 보고서, 서적 그리고 현장 취재한 내용을 아주 빠르게 정리할 계획이다. '기자보다는 깊게 학자보다는 빠르게'가 기본 원칙이다. 커버 영역은 '미디어에 관한 모든 것'이다. 발간은 종이 책과 e-북 등으로 이뤄진다.

지인들과 공유할 때의 '직설적' 초심을 잃지 않으면서도 전문성을 담아내는 것이 이 작업의 영속성을 가져다줄 것으로 생각한다. 그래서 최대한 많이 소통하면서 바꿔야 할 부분과 더 정리해야 할 영역의 초점을 잡아가려 한다. 글로 말을 걸고 있지만 조만간 영상과 뉴스레터 형태의 메신저도 활용하려 한다. 책에 대한 의견과 토론은 언제든 환영이다. 마지막으로 덧붙이자면, 한국 미디어 산업의 발전이 없으면 이 책의 존재 가치는 없다.

차례

1. 스트리밍 서비스

2. 뉴스 미디어와 플랫폼

3. 소셜 미디어와 IT 기업

4. 드라마와 영화

터널의 끝, 미디어 시장에 봄은 오는가

코로나바이러스 1년, 다시 문 여는 미국 시장

2021년 3월 16일 미국 인디애나의 핵심도시 인디애나폴리스에 자리한 어린이박물관(Children's Museum)의 모습이다(8쪽 상단). 인디애나 지역 학교가 일주일간 봄 방학을 가졌음에도 찾는 이가 별로 없어서 기다리지 않고 모든 시설을 이용할 수 있었다. 코로나바이러스의 영향으로 관람객을 평소 대비 50% 미만으로 줄였다고는 하지만, 그래도 너무 조용했다. 매표소 앞에는 기다리는 사람이 한 명도 없었다. 세계 최대 규모를 자랑하는 어린이박물관인 이곳은 2019년 한 해 동안 131만 명이 방문해 역대 최다 기록을 세운 바 있다. 그러나 코로나바이러스가 모든 것을 바꿔 놨다. 2020년 3월 14일 이후 1년 가까이 폐쇄된 뒤 다시 문을 열었지만, 감염병 확산에 대한 우려가 여전한 모습이다.

서서히 시작되는 오픈, 아직은 미흡

3월 들어 뉴욕과 캘리포니아 극장이 다시 문을 열었다. 일단 극장이 문을 열었다

는 사실만으로도 영화 애호가와 극장주, 주변 상인들은 반색했다. 그러나 아직 눈에 띄는 회복세는 나타나지 않고 있다.

코로나바이러스 대유행은 극장 산업에 큰 타격을 쳤다. 2020년 3월 이후 대다수 극장이 문을 닫았다. 2021년으로 접어들면서 많은 곳이 다시 문을 열었지만 아직은 100% 정상화되지 못했다. 컴스코어에 따르면 미국 내 5,500개 극장 중 절반 정도만 문을 열었다. 극장 영업을 재개한 곳도 관객 수용률이 25~50%에 불과하다.

그러나 극장 업계는 3월 1~2주로 접어들면서 뉴욕, LA, 샌프란시스코 지역 극장들이 문을 열었다는 점에 희망을 걸고 있다. 이 지역들은 미국 극장 시장 1~3위에 해당하는 지역이다. 아직은 이들 지역 역시 관객 허용률이 25%에 불과하다. 뉴욕 스테이튼 아일랜드에서 극장을 운영하는 그렉 스카롤라(Gregg Scarola)는 월스트리트저널과의 인터뷰에서 "우리는 일단 문을 연다는 사실에 만족한다. 극장은 쇼핑몰에 사람들을 모이게 하는 중요한 장소다."라고 말했다. 뉴욕과 샌프란시스코 지역 극장 오픈 덕분에 3월 첫 주 미국 박스오피스는 2,410만 달러로 상승했다. 극장 흥행 분석회사 모조(Mojo)에 따르면 이는 직전 주보다 400만 달러가량 상승한 수준으로 지난해 크리스마스 주말 이후 최고치다.

극장 체인 AMC엔터테인먼트의 주가도 올랐다. 3월 5일 이전에는 주당 8달러 수준을 맴돌았지만, 15일 이후에는 13~15달러를 넘어섰다. 이 기간 AMC는 뉴욕시에 있는 매장 13곳을 오픈했다. 할리우드 제작 스튜디오를 보유한 바이어컴 CBS도 재개관과 얼마 전 론칭한 스트리밍 서비스 파라마운트+(Paramount+)에 대한 기대가 겹치면서 3월 1일부터 16일까지 주가가 약 43% 상승했다. 연초와 비교하면 150% 넘는 상승세다. 그러나 아직은 극장 상황이 완전하지 않다. 뉴욕지역 2위 극장 체인인 리걸 시네마(Regal Cinema)는 4월 2일부터 문을 연다고 밝혔다. 일부 극장은 새로운 방역 기준에 맞춰 개보수와 직원 교육을 더 해야 한다. 관객 허용률도 지금보다는 더 높아져야 한다.

바뀐 시청 습관, 극장의 미래에는 악영향

시간이 지나면 극장 문이 다시 열리겠지만, 예전 수준을 회복하긴 어렵다는 지적도 있다. 바로 스트리밍 서비스 확산의 영향이다. 극장주들도 스트리밍 서비스를 가장 큰 적으로 생각하고 있다. 심지어 워너미디어는 올해 개봉하는 17편의 영화를 극장과 HBO맥스 모두에서 동시 개봉하겠다고 밝힌 바 있다. 스트리밍 서비스는 이용 가격이 극장보다 저렴하기 때문에, 관객들을 다시 극장으로 불러들이려면 많은 노력이 필요하다. 설상가상으로 방역 수칙을 지키기 위한 좌석 설비 마련

미국 인디애나 블루밍턴에 자리한 '인디애나 극장'. 3월 25일 현재 문이 닫혀 있다.

과 직원 고용으로 인해 극장 티켓 가격은 이전보다 더 오르는 추세다.

그동안 극장은 건물 임대 시장에서 환영받았다. 그래서 임대 계약을 갱신할 때도 특별한 이슈가 없는 한 쉽게 연장할 수 있었다. 그러나 극장의 관객 허용률이 25% 수준일 경우, 임대료를 내지 못하는 상황이 벌어질 수 있다. 뉴욕 등 대도시에서는 코로나바이러스 대유행에 대비해 좌석 간 거리를 띄우는 등 선제 조치를 했는데, 이로 인해 더 큰 고통을 받고 있다. 미국 극장주연합회(NASA) 임원인 로버트 선샤인(Robert Sunshine)은 "일부 극장이 좌석의 20~30%를 이미 덜어냈는데, 여기서 좌석 수 제한까지 적용된다면 타격이 더 심할 것"이라고 현지 언론과의 인터뷰에서 말했다. 얼마 전 텍사스 지역 극장인 알라모드래프트가 파산했는데, 영향이 전국으로 번질 수도 있다.

결국, 앞으로 미국 소매시장 활성화를 위한 '극장의 집객 효과'는 제한적일 수밖에 없다. 전문가들은 향후 극장이 이전의 지위를 지키고 살아남기 위해서는 영화 관람 이외의 구독 모델 도입, 현장 이벤트, 기업 대관 등으로 서비스를 차별화해야 할 것이라고 조언한다. 그동안 극장 효과를 봤던 상점들도 몰(Mall)에 대한 매력이 사라지고 있어서 미국 부동산 지형 역시 다소 바뀔 수 있다.

그러나 회복을 위해 더 필요한 시간

코로나바이러스 대유행이 본격화한 지 1년이 흘렀다. 2020년 3월 이후 극장이 문을 닫고, 학교와 직장에 가지 못하게 되면서 우리 생활의 많은 것이 바뀌었다. 미디어 분야도 마찬가지다. 특히, 코로나바이러스 대유행은 디지털 미디어 소비자를 급증시켰다. TV 등 전통적인 미디어는 침체했다.

시장 조사 업체 e마케터(eMarketer)에 따르면 코로나바이러스가 본격화한 이후 미국 성인들의 스마트폰, 스마트TV에 대한 의존도가 더 강해졌다. 반면, 라디오나 전통적인 실시간 TV 소비는 대폭 줄었다. 변화는 급격했고 준비된 자와 준비되지 못한 자 사이의 간극은 커졌다.

2021년 3월 9일, 디즈니는 스트리밍 서비스 디즈니+의 가입자가 1억 명을 넘었다고 밝혔다. 서비스를 시작한 지 겨우 16개월 만이다. 이미 넷플릭스의 절반 수준이다. 디즈니+의 성공은 코로나바이러스 대유행으로 테마파크와 리조트를 폐쇄한 디즈니를 위기에서 견디게 했다. e마케터는 디지털 미디어와 구독 미디어 소비가 앞으로 더 증가할 것으로 예측했다. 반면, 기존 TV나 소셜 미디어 서비스, 태블릿, 노트북 사용량은 줄어들 것으로 보인다. 디지털 기기를 이용하겠지만, 자발적으로 쓰기보다 수동적으로 즐기는 시간이 늘어난다는 얘기다.

넷플릭스 영화 〈맹크〉

넷플릭스의 오스카 장악과 넷플릭스 제국을 향한 새 전략

넷플릭스가 2020년에 이어 2021년에도 오스카를 지배했다. 글로벌 스트리밍 서비스 1위 사업자 넷플릭스는 제93회 아카데미시상식에서 총 35개 부문에 후보작을 올렸다. 2020년 24개에 비해 10개 이상 많은 수준이다. 지금도 상승세인 넷플릭스의 전성시대는 아직 오지 않았다.

넷플릭스의 <맹크>, 오스카 10개 부문 후보에 올라

2021년 아카데미시상식은 데이비드 핀처의 영화 〈맹크(Mank)〉가 주도했다. 할리우드 고전 영화 〈시민 케인〉의 작가 허먼 J. 맨키비츠(Herman J. Mankiewicz)의 일대기를 그린 흑백 영화다. 이 영화는 최고 작품상 후보 등 10개 부문에 노미네이트됐다. 맨키비츠 역을 맡은 게리 올드먼(Gary Oldman), 마리온 데이비스 역을 맡은 아만다 세이프리드(Amanda Seyfried)는 남녀 주연 배우상 후보에 이름을 올렸다. 이밖에 아론 소킨(Aaron Sorkin) 감독의 〈더 트라이얼 오브 시카고 7(The Trial of the Chicago 7)〉도 최고 작품상을 비롯해 6개 부문 후보작으로 선정됐다.

버락 오바마 전 대통령과 그의 부인 미셸 오바마가 설립한 제작사 하이어 그라운드(Higher Ground)가 제작한 넷플릭스 다큐멘터리 〈크립 캠프-장애는 없다(Crip Camp)〉도 장편 다큐멘터리 부문 후보작에 올랐다. 하이어 그라운드는 2018년에 넷플릭스와 영화, TV 다큐멘터리 제작과 관련해 다년 계약을 맺은 바 있다. 넷플릭스는 2014년 장편 다큐멘터리 부문 후보작 〈더 스퀘어(The Square)〉를 배출하면서 오스카상에 도전해왔다. 그러나 〈로마(Roma)〉나 〈결혼 이야기(Marriage Story)〉 같은 좋은 영화가 있었음에도 그동안 최고 작품상 수상과는 거리가 멀었다. 그러나 올해는 역대 최다 후보에 오른 만큼 많은 기대를 하고 있다.

넷플릭스와 함께 아마존 스튜디오도 경사를 맞이했다. 오스카에 도전한 이래로 가장 많은 12개 부문 후보에 작품을 올렸다. 영화 〈사운드 오브 메탈(The Sound of Metal)〉은 최고 작품상과 남우주연상 등 6개 부문에 노미네이트됐다. 이 외 〈보랏(Borat)〉 속편, 〈원 나잇 앳 마이애미(One Night at Miami)〉 등도 후보작에 이름을 올렸다.

디즈니의 스트리밍 서비스들도 좋은 결과를 얻었다. 훌루의 오리지널 영화 〈더 유나이티드 스테이츠 Vs. 빌리 홀리데이(The United States Vs. Billie Holiday)〉의 여주인공 안드라 데이(Andra Day)가 여우주연상 후보에 선정됐다. 특히, 디즈니+는 지난 2019년 출범 이후 처음으로 오스카 후보에 오르는 영광을 누렸다. 애니메이션 〈온워드(Onward)〉와 〈소울(Soul)〉은 최고 장편 애니메이션 후보작으로 결정됐다.

〈소울〉의 경우 의상 부문과 시각효과 부문 후보로도 올랐다. 〈뮬란〉 역시 의상 부문과 시각효과 부문에 노미네이트됐다. 애플의 TV+는 장편 애니메이션 부문 최고 작품상에 〈울프워커스(Wolfwalkers)〉를 올렸고, 톰 행크스 주연의 영화 〈그레이하운드(Grey Hound)〉는 베스트 사운드 부문 후보에 올랐다.

사실 이들 작품 대부분은 원래 극장 개봉 예정이었다가 코로나바이러스 대유행으로 스트리밍 서비스로 직행했다. 영화 〈그레이하운드〉도 소니가 극장 개봉을 추진하다가 애플 TV+로 넘어갔다.

이번 오스카의 또 다른 특징은 한국 배우들의 선전이다. 배우 윤여정은 〈미나리〉로 한국 여자 배우 중 처음으로 오스카 여우조연상 후보에 올랐다. 이를 포함해 〈미나리〉는 총 6개 부문 후보에 이름을 올렸다. 6개 부문 이상 후보에 오른 작품은 6개뿐이다. 이 영화의 주연인 스티브 연은 아시아 남성 최초로 남우주연상 후보에 올랐다. 오스카 영화제 시상식은 4월 25일 미국 ABC를 통해 중계된다.

넷플릭스, 오리지널 프로그램 TV 판매 추진

스트리밍 서비스들이 미국 콘텐츠 시장을 장악하는 가운데 넷플릭스가 자사 오리지널 콘텐츠의 미국 지상파 TV 판매를 추진하고 있는 것으로 알려져 큰 반향이 예상된다. 넷플릭스는 그동안 TV 네트워크로부터 방영권을 구매해 편성했지만, 반대로 오리지널을 TV 채널에 공급하는 것은 이번이 처음이다. 만약 계약이 성사될 경우, 지난 2013년 〈하우스 오브 카드〉로 오리지널 프로그램 제작을 시작한 이후 TV프로그램 2차 거래 시장(프로그램 판매)에 첫 진출하게 된다.

미국 실리콘밸리 IT 관련 미디어인 인포메이션(The Information)은 최근 할리우드 소식통을 인용해 넷플릭스가 NBC유니버설, 바이어컴CBS 등 미국 지상파 TV 네트워크와 콘텐츠 공급 협상을 벌이고 있다고 보도했다. 두 곳 모두 미국 지상과 방송 네트워크(NBC, CBS)를 보유하고 있다.

그동안 넷플릭스의 콘텐츠 생태계는 외부에서 안으로 유입되는 '유입 경제'였다. 이 정책으로 넷플릭스는 10년 만에 그 누구도 따라올 수 없는 콘텐츠 왕국을 건설했다. 그러나 이번에는 반대로 자사 콘텐츠의 방영권을 판매하는 거래를 시도한다. 콘텐츠 외부 판매 논의는 여러모로 의미가 있다. 넷플릭스의 개방성이 더 높아질 것이라는 확신과 함께 콘텐츠 생태계에서 넷플릭스의 영향력이 더 강해질 것이라는 우려도 나올 수 있다. TV 네트워크에 프로그램이 판매될 경우 재방, 삼방 등을 거쳐 콘텐츠의 생명력이 연장된다. 넷플릭스 로고가 박힌 콘텐츠의 수명이 길어질 수 있다는 이야기다. 일단 유통 권리 관계가 명확한 콘텐츠부터 시작할 것으로 보인다.

이 과정에서 넷플릭스의 추가 수익도 발생한다. 광고 없이 단순히 구독료 수입만으로는 미래 생존이 쉽지 않을 수 있다는 판단일 수도 있다. 2021년에만 130억 달러를 투입하는 등 매년 수십억 달러를 제작에 투입하는 상황에서 넷플릭스가 투자비 일부를 상환하는 전략으로는 나쁘지 않다. 현재 방영권 판매가 고려되는 작품은 〈버드박스〉 등 서비스된 지 2년 이상 된 영화들이다. 오래된 영화들은 새로운 구독자 유입에 한계가 있기 때문이다.

넷플릭스, 오리지널 올 라이선스 확보

넷플릭스가 2차 유통 시장에 뛰어들 수 있는 이유는 2015년 이후부터 저작권을 모두 직접 보유하는 콘텐츠를 만들고 있기 때문이다. 2015년 당시 최고 콘텐츠 책임자였던(CCO) 테드 사란도스 CEO는 분기 실적 발표 자리에서 "오리지널 콘텐츠에 대한 투자는 1달러당 시청 시간을 기준으로 볼 때 더 효율적이며, 브랜드

홍보 효과, 더 높은 고객 유지율을 기록했다."라고 말했다.

이때부터 넷플릭스는 모든 저작권을 확보하는 전략을 구사했다. 1차 목표는 넷플릭스로 고객들을 집결시키기 위해서고 2차는 향후 플랫폼 확장에서 주도권을 쥐겠다는 전략이었을 것이다. 제작사들에는 돈으로 모두 보상했다. 넷플릭스 오리지널 콘텐츠가 예전에도 다른 플랫폼에 공급된 적이 있다. 2015년 제작된 〈나르코스(Narcos)〉는 2020년에 바이어컴CBS의 플루토TV에 판매됐다. 그러나 이는 넷플릭스 초기 시리즈이고 프랑스 고몽 인터내셔널 텔레비전이 배급권을 소유하고 있었다. 이와 유사하게 2014년 넷플릭스에 첫 서비스 된 성인 애니메이션 〈보잭 홀스맨〉은 2017년 미국 케이블TV 채널 '코미디 센트럴'에서 방송됐다. 이 역시 방영권이 넷플릭스가 아닌 다른 곳에 있었다. 첫 오리지널 시리즈였던 〈하우스 오브 카드〉도 저작권 문제로 중국 스트리밍 서비스 소후(Sohu)에 서비스된 적이 있다.

라이선스 공급 협상이 진행되고 있는 바이어컴CBS와 NBC유니버설은 넷플릭스와 경쟁이 될 수 있는 스트리밍 서비스 파라마운트+와 피콕을 운영 중이다. 그래서 이번 계약은 광고 모델 스트리밍 서비스나 TV 채널에 한정하는 것으로 알려졌다.

넷플릭스 시장 지배의 근원은 콘텐츠 투자다. 2021년에만 130억 달러를 투자한다. 경쟁사로 불리는 피콕은 지난해와 올해를 합쳐 겨우 20억 달러를 쓰고 있다. 넷플릭스는 2021년 1분기 현재 글로벌시장에서 2억300만 명의 가입자를 보유하고 있다. 디즈니+의 1억 명보다 두 배 많다. 쉬운 경쟁이 될 리 없다. 이런 상황에서 규모의 경제가 이뤄지면서 최근에는 "더는 돈을 빌려 투자할 필요가 없다."고 밝힌 바 있다. 이 언급을 꼼꼼히 따져볼 필요가 있다.

더 이상 화수분이 아닌 넷플릭스

자금을 차입하지 않겠다는 의미는 앞으로 수익을 더 많이 올리고 지출은 신중하게 하겠다는 말과 같다. 실제로 넷플릭스는 2021년 1분기 광고비를 줄였고, 최근 들어 비밀번호 공유 제한을 추진하는 등 비용 통제에 들어갔다. 1인당 수익을 더 높이기 위해서다. 시티 글로벌 마켓(Citi Global Markets)의 제이슨 배지(Jason Bazi) 애널리스트는 넷플릭스가 비밀번호 공유로 1년에 62억 달러를 손해 보고 있다고 분석했다.

넷플릭스가 2021년 2월 미국 증권거래소(SEC)에 제출한 보고서에 따르면, 2020년 넷플릭스의 글로벌 광고비는 14억5,000만 달러로 2019년 18억8,000만 달러에 비해 4억3,000만 달러 줄었다. 인포메이션은 페이스북에 지출한 넷플릭스 광고비도 4,800만 달러에서 2,160만 달러로 감소했다고 전했다.

관리에 들어간 넷플릭스는 한국과의 관계도 다시 설정할 것이 분명하다. 지금까지 한국 콘텐츠에 대한 인기로 일부 제작 업체들에 눈먼 돈에 가까운 비용을 지급했던 넷플릭스는 앞으로 그렇게 선한 투자자로 남아있지는 않을 것이다. 넷플릭스의 콘텐츠 금고를 채워주는 조건으로 제작비를 무한정 투입하지는 않을 것이라는 예측이 지금까지의 결론이다. 한국 방송 사업자 혹은 스튜디오들은 이제 또 다른 항해에 나서야 한다. 바로 우리가 키를 잡고 말이다. 넷플릭스 호황은 언제든 꺼질 수 있다.

1

스트리밍
서비스

미국 스트리밍 시장 성장,
그리고 DVD의 죽음

한 아이가 디즈니의 스트리밍 서비스(디즈니+)의 〈겨울왕국(Frozen)〉 소개 화면
을 보고 있다(21쪽 상단). 미국의 미디어 전문지 '미디어 플레이 뉴스(Media Play
News)'는 이 장면을 2020년 방송 시장을 상징적으로 요약한 사진으로 제시했다.
개인적으로 동의한다. 그렇다면 우리 모두 큰 위기를 맞았던 2020년 미국 방송
시장은 어땠을까?

미국은 방송 시장의 크기만큼이나 스트리밍 시장 규모도 매우 크다. 시장 조사
기관 디지털 엔터테인먼트 그룹(DEG, Digital Entertainment Group)은 최근 미국
가정의 디지털 미디어 소비 트렌드를 조사 발표했다. 이 자료에 따르면 미국 소
비자들은 2020년 디지털 콘텐츠 시청에 265억 달러를 사용했다. 여기엔 스트리
밍 서비스, 디지털 영화 시청, 디지털 TV 프로그램 시청 등에 쓴 비용이 포함된다.
2019년에 비해 32% 늘어난 수치다.

코로나바이러스 대유행 속 가정 내 콘텐츠 소비 300억 달러 넘어

DEG는 DVD 대여, 판매 등 모든 미디어 플랫폼에서 발생한 콘텐츠 매출도 측정
했는데, 2020년에만 300억 달러가 넘었다. 상당 부분 DVD와 블루레이 판매와
임대 덕분이지만, 그 영향력은 대폭 줄었다. DVD와 블루레이 판매는 2019년 대

비 26%나 줄어 25억 달러를 밑돌았다. 대여도 27%나 떨어져 10억400만 달러에 불과했다. DVD 매출 감소는 코로나바이러스 대유행의 영향이 크다.

디지털 콘텐츠 시청에는 넷플릭스, 아마존 프라임 비디오, 훌루, 디즈니+, HBO 맥스 등 스트리밍 서비스와 VOD 대여, 영화 디지털 판매(EST) 등이 포함됐다. 이 중 스트리밍 서비스는 가정 내 콘텐츠 소비의 중심 플랫폼으로 자리잡았다. 2020 년 스트리밍 서비스 매출만 212억 달러에 달했다. 전년 대비 37% 늘었다. 만약 애플 TV+, 피콕 등에서 쓴 비용이 합산됐다면 스트리밍 서비스의 영향력이 더 크 게 확인됐을 것이다.

미국도 콘텐츠 소유에서 콘텐츠 임대로 전환

2020년 디지털 콘텐츠 시청을 견인한 것은 TV와 영화의 디지털 판매 및 VOD 임대다. 영화 디지털 판매는 16% 증가해 30억 달러를 기록했다. 영화 VOD 임대 도 18.3% 증가한 23억 달러로 사상 최고치를 넘었다. 영화 디지털 판매나 VOD 임대는 특정 기간에만 온라인으로 콘텐츠를 시청할 수 있는 방식이다. VOD의 경 우 〈트롤2〉, 〈뮬란〉 등 최신 영화가 PVOD(Premium VOD) 방식으로 서비스된 영향이 크다.

정리하면, DVD 등을 통한 콘텐츠 구매는 줄고 VOD, 영화 디지털 판매, SVOD 등 콘텐츠 임대 수요는 늘었다. 사실 이 의미는 크다. 미국 콘텐츠 소비시장이 임대 및 스트리밍으로 옮겨간다는 뜻이다. 이번 조사에선 IMDB나 플루토TV(Pluto TV) 같은 광고 기반 스트리밍 서비스 구독은 포함되지 않았다.

한편, DEG는 2020년 미국 가정에서 가장 많이 본 영화 및 드라마 콘텐츠도 조사 발표했다. 1위는 디즈니의 〈겨울왕국2〉였고 2위는 〈주만지: 넥스트 레벨〉, 3위는 〈스타워즈: 라이즈 오브 스카이워커〉였다.

DVD의 죽음, 구매 모델의 몰락

앞서 잠깐 언급했지만, 코로나바이러스 대유행이 DVD 판매에 찬물을 끼얹었다. 한국은 요즘 DVD나 블루레이 디스크가 영화 시청 용도로 거의 쓰이지 않지만, 미국은 마트나 서점에서 DVD나 블루레이를 판매하거나 대여하는 시민들이 여전히 많다. 1년 전 미국 마트에 진열된 수많은 DVD를 본 뒤 개인적으론 좀 놀랬다. 한국이 빨리 변하는 건지 미국이 느린 건지 헷갈리기도 했다.

그러나 감염병 대유행은 이 트렌드를 완전히 바꿔 놨다. DVD 판매와 대여가 해마다 줄어들긴 했지만, 이번엔 정도가 심하다. 미국 시장에서 2020년 DVD와 블루레이 판매와 대여는 각각 전년 대비 −25.55%, −26.81%를 기록했다. 두 부문 모두 20% 넘게 감소한 건 이번이 처음이다.

DVD 판매와 대여는 2020년 코로나바이러스 대유행 직후 일시적으로 늘기도 했지만, 오래가지 못했다. DEG의 분기별 DVD, 블루레이 판매 자료에 따르면 2020년 1분기와 2분기 모두 전년보다 줄어든 것으로 조사됐다.

과거 같았으면 극장이 문을 닫은 상황에서 DVD와 블루레이 판매, 대여가 늘었겠지만, 지금은 아니다. 스트리밍 서비스는 코로나바이러스 대유행 기간 미국 가정 내 확실한 주인공으로 자리잡았다. 특히, 디즈니+에 이어 2020년에는 워너미디어(HBO맥스) 및 NBC유니버설(피콕)이 스트리밍 시장에 들어왔다. 디즈니+의 경우, 모든 디즈니 브랜드 콘텐츠가 한 곳에서 상영된다. 2020년 미국 가정에서 가장 많이 소비된 영화 20편 중 〈온워드(Onward)〉, 〈스타워즈(Starwars)〉, 〈말레피센트(Maleficent)〉 등 디즈니가 제작한 모든 작품을 볼 수 있다. HBO맥스의 행보도 DVD 판매를 약화시켰다. HBO맥스에선 〈조커(Joker)〉, 〈스쿠비(Scoob!)〉, 〈버즈 오브 프레이(Birds of Prey)〉 등 워너미디어의 모든 영화를 볼 수 있다.

DVD는 이제 설 자리가 없다. 심지어 코로나바이러스 대유행 전인 2020년 1월, 유니버설과 워너미디어가 그들의 DVD 유통을 위해 조인트벤처를 세워 제작비를 줄이고 유통 비용 절감에 나섰지만 역부족이었다. 코로나바이러스 이후 DVD와 블루레이 판매는 더 큰 어려움에 직면할 것으로 보인다. DVD 없이 1년을 보낸 미국 소비자들이 다시 구매에 나설 것 같지는 않다. 반면 스트리밍 서비스는 더 강해질 것이다. 그래서 전통적인 콘텐츠 유통 방식(DVD 판매 및 대여)을 밀어낼 것이다. 한국에서는 이미 TV 선반이 사라졌지만, 미국도 이제 TV 밑 DVD의 자리는 없을 것으로 보인다. 물론 DVD가 사라진다고 해도 콘텐츠는 없어지지 않을 것이다. 그러나 한 시대를 풍미했던 미디어 전송 수단이 더이상 소용없어진다는 것은 다시 한번 생각해볼 필요가 있다. 방송사(Station)는 안전한 걸까?

글로벌 스트리밍 서비스 가입자
10억 명 돌파

코로나바이러스 대유행 1년, 그동안 글로벌 미디어 시장 판도는 완전히 바뀌었다. 사람들이 외출을 못 하는 사이, 스트리밍 서비스가 전 세계를 장악했다. 글로벌 스트리밍 서비스 구독자가 10억 명을 돌파한 것으로 조사됐다. 그러나 동시에 글로벌 극장 박스오피스는 곤두박질 쳤다. 대부분의 극장이 폐쇄돼 있었기 때문이다. 2020년 글로벌 극장 티켓 판매는 120억 달러를 기록했고, 북미 지역은 22억 달러에 그쳤다. 지난 2019년 글로벌 극장 상영 매출은 435억 달러, 미국 매출은 114억 달러였다. 글로벌 극장 매출은 1년 사이 72%나 줄었다.

이 같은 데이터는 미국 영화 협회(MPA)의 연례 보고서를 통해 알려졌다. 협회는 매년 미국 내 영화, TV, 스트리밍 콘텐츠의 연간 동향과 엔터테인먼트 산업 트렌드를 담아 보고서를 발간한다. 2020년 연구는 당연히 코로나바이러스 대유행의 그늘이 많이 담겼다.

글로벌 극장 매출 72% 줄어들어

MPA의 보고서에 따르면 코로나바이러스 대유행에 따른 영향은 국가별로 상황이 달랐다. 아시아 국가의 경우, 중국은 이미 코로나바이러스 이전으로 돌아갔다. 그러나 미국이나 캐나다는 그러지 못했다. 주요 영화는 개봉하지 못했고 관객들도 극장에 모두 돌아오지 않았다. 2020년 북미 지역을 제외하고 극장 박스오피스가 가장 컸던 마켓은 중국(30억 달러), 일본((3억 달러), 프랑스(5억 달러)였다.

MPA는 글로벌 극장 산업과 가정 및 모바일 엔터테인먼트 시장을 합친 전체 미디어 시장을 2020년 기준 808억 달러로 분석했다. 2019년 983억 달러 대비 18% 줄었다. 그러나 디지털 홈 엔터테인먼트 시장은 크게 성장했다. 1년 사이 23%가 늘어 688억 달러가 됐다. 그나마 디지털 시장 성장으로 글로벌 극장 매출 감소가 상쇄됐다.

극장과 디지털 등을 합친 2020년 미국 콘텐츠 시장 규모는 322억 달러였다. 전년 대비 40억 달러가량 감소한 수치다. 그러나 대부분 극장 매출 감소였고, 디지털 부문(스트리밍)은 오히려 60억 달러 급증했다. 결론적으로 말해 디지털 부문 성장이 없으면 전체 콘텐츠 시장이 유지되기 어렵다. 참고로 글로벌 유료 방송(Pay TV)은 2,331억 달러 규모였다. 이 중 케이블TV가 1,111억 달러로 가장 큰 부분을 차지했다. 유료 방송 가입자는 5억3,000만 명 수준이었다. 미국의 유료 방송 시장은 2020년 1,020억 달러 정도였다.

스트리밍 서비스 글로벌 가입자 10억 명 돌파

2020년의 경우, 과거 어느 때보다 스트리밍 서비스 이용이 많았다. 미국 내 스트리밍 서비스 가입자는 3억860만 명이나 됐다. 2019년에 비해 32% 증가한 수준이다. 이에 글로벌시장 스트리밍 가입자는 사상 처음으로 11억 명을 돌파했다. 반면, 글로벌시장 유료 방송 가입자는 2% 줄어 5억3,000만 명을 기록했다. 이에 대해 MPA의 CEO 찰스 리브킨(Charles Rivkin) 의장은 보고서에서 "코로나바이러스 대유행으로 인한 경기 침체에도 불구하고 영화, TV, 스트리밍 서비스 시장은 성장했다. 스트리밍 서비스의 경우, 글로벌시장 가입자 10억 명을 처음으로 돌파하는 등 큰 호황을 누렸다."라고 강조했다.

플랫폼 이용 트렌드 변화도 눈에 띈다. MPA에 따르면, 미국 성인의 55%가 TV나 영화를 디지털 플랫폼으로 보는 경향이 늘었다고 답했다. 어린이의 경우, 모바일 기기 의존도가 더 높았다. 어린이의 85% 이상, 성인의 55% 이상이 영화나 TV

프로그램을 모바일 기기를 통해 보고 있다고 응답했다. 특히, 18세에서 24세, 25세에서 39세의 젊은 오디언스들은 보다 더 활동적인 모바일 시청자였다. 리브킨 의장은 "우리는 오디언스들이 어디에 있건 그들과 연결되어 있고 언제든 그들을 즐겁게 해줄 준비가 되어 있다. 극장과 홈 엔터테인먼트 시장이 모두 중요하며 산업에서 상징적인 곳"이라고 언급했다. 이어 리브킨은 "나는 영화관이 조만간 화려하게 컴백할 것으로 믿는다."라고 덧붙였다.

MPA 자료에 따르면 2020년 미국 스트리밍 서비스, 유료 방송 등에서 상영된 오리지널 드라마는 493편이었다. 2019년의 532편에 비해 다소 줄었다. 코로나 바이러스 대유행으로 인해 공급 편수가 감소했다. 그러나 드라마, 예능, 다큐멘터리 등 전체 방영 콘텐츠는 1,665편으로 1,675편이었던 2019년에 비해 별로 줄지 않았는데, 스트리밍 서비스의 영향이 크다. 2020년 스트리밍 서비스는 신규 사업자 증가로 제공 편수가 381편에서 537편으로 한 해 사이 41% 증가했다. 스트리밍 서비스 오리지널 프로그램은 넷플릭스가 장악한 것으로 조사됐다. MPA가 발표한 2020년 상위 10위 스트리밍 오리지널 시리즈 중 9편이 넷플릭스 작품이었다. 디즈니의 〈만달로리안〉이 유일하게 5위에 올라 다양성을 채웠다.

디즈니+ 가입자 1억 명 돌파, 넷플릭스와 2강 선언

디즈니의 스트리밍 서비스 디즈니+가 가입자 1억 명을 돌파했다. 넷플릭스, 아마존 프라임 비디오에 이어 세 번째 대기록이다. 2019년 11월 서비스를 시작한 이후 16개월 만에 이뤄낸 역대 가장 빠른 속도다. 디즈니는 2021년 2월 11일 실적 발표에서 디즈니+ 가입자가 9,490만 명이라고 밝힌 바 있다. 2019년 11월 12일 미국에서 서비스를 시작한 디즈니+는 캐나다, 호주, 뉴질랜드, 유럽, 라틴 아메리카, 일본 등에 진출했고 최근에는 싱가포르에서도 서비스를 시작해 글로벌시장 진출에 시동을 걸었다.

디즈니+, 오리지널 콘텐츠로 가입자 1억 명 돌파

밥 체이펙 디즈니 CEO는 디즈니 연례 주주 총회에서 이 같은 사실을 공개했다. 2021년 행사는 비대면으로 이뤄졌다. 밥 체이펙은 "디즈니+의 엄청난 성공은 우리에게 더 큰 꿈을 꾸게 한다. 고품질 콘텐츠의 개발과 투자의 가치를 확신할 수 있게 해줬다. 우리는 애니메이션, 실사 영화, 마블, 스타워즈, 내셔널 지오그래픽 등 모든 콘텐츠에 걸쳐 1년에 100편 이상을 디즈니+에 공급할 것"이라고 강조했다. 이어 그는 "고객 직접 서비스(DTC)는 회사의 핵심 가치이며 우리의 강력한 콘텐츠 공급 파이프라인이 성장을 계속 촉진할 것"이라고 덧붙였다.

2020년 12월 10일에 있었던 디즈니 투자자의 날, 디즈니는 100편의 새로운 작품에 대한 대략적인 윤곽을 공개한 바 있다. 이어 회사는 디즈니+도 성장해 오는 2024년이면 2억3,000만 명~2억6,000만 명 정도로 가입자가 늘어날 것이라고 설명했다. 이런 빠른 성장세는 예상대로 오리지널 콘텐츠가 이끌고 있다. 〈만달로리안〉, 〈완다비전〉의 성공은 디즈니+에 생동감을 불어넣었다. 밥 체이펙도 회사의 가장 우선순위가 디즈니+에 있다고 주주총회에서 강조했다. 그래서 영화 한 편을 매주 디즈니+에 공개하는 강수를 두기로 했다.

가입자 증가 속도가 경쟁사와 비교해 매우 빠른 만큼, 일단 1억4,000만 명 수준인 아마존 프라임 비디오 가입자를 추월하는 시점도 2021년 하반기가 될 것으로 보인다. 다만, 2억 명이 넘는 구독자를 확보한 넷플릭스에 대항하기 위해서는 아직 시간이 필요하다. 그러나 경쟁사 대비 낮은 가격인 월 7.99달러를 앞세운 공세는 디즈니+의 전망을 밝게 하고 있다. 특히, 디즈니의 오리지널 콘텐츠 전략은 팬을 기반으로 한 히트 작품 전략이어서 가입자를 지키기에 유리하다. 예를 들어 〈만달로리안〉에 등장하는 베이비 요다는 공개 후 일약 스타가 됐다.

콘텐츠 공급 전략도 시장 공략에 주효했다. 코로나바이러스 대유행으로 사회적 거리 두기가 한창일 때, 당시 극장 개봉 예정이었던 뮤지컬 영화 〈해밀턴〉을 디즈니+에 전격 공개했다. 또 디즈니는 한 시리즈 전체를 한 번에 모두 공개하는 빈지(Binge) 전략보다 매주 한 편씩 공개해 팬들을 계속 유지하는 전략을 주로 사용한다.

향후 몇 년간 시장에 공급할 강력한 캐릭터 작품이 존재하는 만큼 미래도 기대된다. 〈피터팬〉, 〈루크 스카이워커(Luke Skywalker)〉, 〈모아나〉 등이 디즈니+에 생명력을 불어넣어 줄 것으로 보인다. 디즈니+의 뛰어난 성적은 주가 상승에 큰 도움을 줬다. 코로나바이러스 대유행으로 인해 극장과 테마파크가 폐쇄됐지만, 스트리밍 서비스의 호조가 회사의 장래를 밝게 하고 있다. 디즈니의 주가는 코로나바이러스 대유행 동안 고전했는데, 최근 들어 주당 200달러가 넘는 등 고공행진을 했다. 때마침 LA지역 디즈니랜드도 4월에 문을 연다.

LA 디즈니랜드 4월 재오픈

디즈니 주주 총회는 코로나바이러스 대유행이 시작된 이후 거의 1년 만에 열렸다. 지난해 3월 이후 디즈니 테마파크와 미국 극장들은 모두 문을 닫았다. 그러나 최근 뉴욕 지역 극장이 다시 문을 열었고, LA의 극장 및 테마파크도 재개장을 결정했다. 디즈니의 미래에는 긍정적이다.

2021년 3월 5일 캘리포니아 주 정부는 4월 말 LA 디즈니랜드 오픈을 허락했다. 그러나 북미 지역 극장 중 아직 절반 이하(45%)만이 문을 연 상황이라서 회복을 위해서는 시간이 다소 필요해 보인다. 실제로 2021년 3월 5일 개봉한 디즈니의 신작 애니메이션 〈라야와 마지막 드래곤〉도 개봉 첫 주 860만 달러의 저조한 흥행 성적을 기록했다. 이 애니메이션은 디즈니+에서 30달러의 가격으로 동시 개봉했다.

코로나바이러스 대유행 전, 2개의 테마파크와 3개의 호텔, 쇼핑몰 등으로 구성된 디즈니랜드 리조트에는 32,000여 명이 근무했다. 그러나 폐쇄가 길어지자 절반가량의 인력이 무급 휴직했다. 최근 테마파크가 다시 오픈을 앞두면서 일부 인원은 이미 복직한 것으로 알려졌다. 체이펙은 "무급 휴직을 했던 1만여 명의 직원이 4월 이후 다시 돌아올 수 있을 것"이라고 언급했다. 만약 LA 지역 디즈니랜드가 오픈할 경우, 디즈니 크루즈 라인을 제외한 모든 테마파크들이 정상화된다. 물론 아직은 제한된 인원만 입장이 가능하다.

한편, 현재 이사회 의장인 밥 아이거는 주주 총회에서 2021년 연말까지만 의장으로 근무하겠다고 밝혔다. 10명의 디즈니 이사회 멤버들은 일단 전원 재신임 됐다.

디즈니+,
한국에선 스타와 함께 춤을

1억 명이 넘는 가입자를 확보한 디즈니+가 더 많은 글로벌 가입자 확보에 나선다. 디즈니가 론칭할 또 다른 스트리밍 서비스 스타(Star)와 함께다. 스타는 ABC, FX 등 디즈니+에서 서비스되지 않은 디즈니 소속 스튜디오 제작 프로그램을 제공하는 해외 전용 디즈니 스트리밍 서비스다.

디즈니는 먼저 유럽, 호주, 뉴질랜드, 캐나다 등의 지역에서 디즈니+와 스타를 함께 제공(Disney+ With Star)하고 성인 대상 프로그램도 서비스한다. 또 아시아 지역도 서비스 국가를 확대하는데, 대부분 유럽이나 인도처럼 스타와 디즈니+가 번들로 제공된다. 한 서비스에서 디즈니+와 스타 콘텐츠(ABC의 그레이 아나토미 등)가 함께 방송되는 형태다.

디즈니+ 위드 스타 올해 하반기 한국 론칭

이 같은 내용은 디즈니와 할리우드 미디어 전문지 데드라인(Deadline)의 보도로 알려졌다. 디즈니는 일단 싱가포르에 '디즈니+ 위드 스타(Disney+ with Star)'를 첫 론칭했다. 스타 오리지널 콘텐츠와 디즈니+의 콘텐츠가 서비스되는 첫 사례다. 한국과 동유럽, 홍콩 등에는 2021년 말 서비스를 예고했다고 데드라인이 보도했다. 2019년 12월 론칭한 디즈니+는 현재 12개 국가에 진출해 있다.

다만 스타가 포함되는 만큼 디즈니+보다 조금 비싸다. 스타는 유럽에서 한 달 8.99유로, 1년 89.90유로에 제공될 것으로 보인다. 현재 디즈니+ 단독 서비스는 미국에서 7.99달러에 서비스된다. 일부 국가에서는 스타 단독으로 구독할 수 있을 전망이다.

디즈니+의 스트리밍 묶음 상품 전략

정리하자면, 이제 디즈니의 스트리밍 서비스는 디즈니+와 스타다. 디즈니가 또 다른 서비스인 스타를 론칭한 이유는 상품의 다양성을 확보하기 위해서다. 디즈니는 어린이와 가족 콘텐츠에 집중되어 있는 디즈니+ 라인업을 보완하기 위해 미국과 캐나다 일부에서 훌루, ESPN+와 스트리밍 번들을 제공한다.

그러나 훌루와 ESPN 등이 저작권 문제로 미국 내 서비스만 하기로 하면서, 해외에서 이를 보완하기 위한 글로벌 전용 스트리밍 서비스가 필요했다. 이에 2020년 말 디즈니는 '스타'라는 브랜드의 스트리밍 서비스를 내놓는다고 밝혔다. 스타는 2019년 20세기 폭스를 713억 달러에 인수하면서 경영권을 확보한 인도의 스트리밍 서비스 이름이기도 하다. 인도에선 핫스타(HOTSTAR)로 서비스된다.

디즈니 오리지널과 현지 콘텐츠의 조화

디즈니+가 다른 스튜디오나 해외 콘텐츠가 편성되지 않는 것에 반해 스타는 적극적인 개방이 특징이다. 수천 시간 분량의 디즈니 제너럴 엔터테인먼트 그룹 콘텐츠가 서비스된다. 디즈니 텔레비전 스튜디오, FX프로덕션, 20세기 스튜디오, 서치라이트 필름 등이 만든 TV나 영화들이다.

데드라인에 따르면 스타는 글로벌시장 공략을 위해 첫해에 35편의 오리지널 콘텐츠를 편성한다. 첫 플랫폼 콘텐츠도 35개 시리즈를 선보인다. 서비스 타이틀은 지역마다 다르다. 현재 알려진 내용에 따르면 일부 지역에선 유명작가인 데이비드 E 켈리(David E. Kelley)가 만든 드라마 〈빅 스카이 러브(Big Sky: Love)〉, 훌루 오리지널 작품인 미국 10대 드라마 〈러브, 빅터(Love, Victor)〉, 성인 애니메이션 시트콤 〈솔라 어퍼사이트(Solar Opposites)〉, 마블 드라마 시리즈 〈헬스트롬(Helstrom)〉 등이 제공된다. 이와 함께 각 지역에서 제작된 오리지널 콘텐츠도 함께 방송될 것으로 보인다. 한국에서도 한국 스튜디오나 제작사가 만든 콘텐츠 편성을 논의 중인 것으로 알려졌다. 이와 함께 ABC의 유명한 라이브 콘텐츠도 서비스된다. 〈그레이 아나토미(Grey's Anatomy)〉, 〈24〉, 〈엑스 파일(The X-Files)〉, 〈로스트(Lost)〉 등의 드라마에서부터 〈프리티 우먼(Pretty Woman)〉, 〈다이하드2(Die Hard 2)〉, 〈악마는 프라다를 입는다(The Devil Wears Prada)〉와 같은 할리우드 영화가 예정돼 있다. 참고로 디즈니는 성인 대상 콘텐츠가 편성됨에 따라 어린이 보호를 위한 비밀번호 기능도 탑재한다.

넷플릭스를 넘어설 스타와 함께 춤을

디즈니는 디즈니+와 스타를 함께 론칭해 넷플릭스를 넘어서 스트리밍 서비스 시장을 장악할 꿈을 꾸고 있다. 이와 관련 디즈니는 최근 실적 발표에서 오는 2024년 디즈니+ 가입자가 2억3,000만 명에 달할 것으로 전망했다. 디즈니가 서비스를 다양화함에 따라 스트리밍 시장은 치열한 경쟁이 예상된다. 미디어 서비스 분석 기관인 디지털 TV 리서치(Digital TV Research)는 오는 2026년에 디즈니+ 가입자가 2억9,400만 명으로 넷플릭스의 2억8,600만 명을 넘어서리라고 예측하기도 했다.

특히, 성인 대상 콘텐트가 취약했던 디즈니가 스타라는 무기를 장착했고, 이후 디즈니+ 위드 스타의 파급력에 따라 시장의 판도가 달라질 것으로 보인다. 이와 관련하여 인도 시장을 눈여겨볼 필요가 있다. 인도에서는 디즈니+핫스타라는 이름으로 스타와 디즈니+가 묶음 서비스되면서 엄청난 히트를 기록하고 있다. 2달러 수준의 저렴한 가격을 앞세우기는 했지만, 2021년 1월 2일 현재, 디즈니+ 가입자의 30%가 인도와 인도네시아 지역에서 서비스를 이용하고 있다.

스트리밍 서비스 스타에 얼마나 많은 오리지널 콘텐츠와 영화가 편성될지도 관건이다. 만약 디즈니가 워너미디어와 유사하게 스타에 FOX나 서치라이트의 영화를 단독 개봉할 경우, 넷플릭스와 흥미로운 경쟁이 이뤄질 것으로 보인다. 스타에 대한 기대감으로 디즈니의 주가도 상승세다.

　레베카 캠벨(Rebecca Campbell) 디즈니 인터내셔널 운영 및 DTC 부문 대표는 "디즈니+는 디즈니, 픽사, 마블, 스타워즈, 내셔널 지오그래픽의 명품 콘텐트를 통해 1억 명을 감동시켰다. 글로벌 서비스인 스타를 출시해 또 다른 의미 있는 확장을 이루게 됐다."라고 밝혔다. 그녀는 이어 "스타와 함께 가족, 10대, 성인 등을 위해 21세기 폭스와 다른 스튜디오의 영화와 TV 시리즈를 공급할 수 있게 되어 소비자를 위한 더 많은 가치 창출이 가능해졌다."라고 덧붙였다.

　일단 한국에서 디즈니+가 론칭하고 더 나아가 스타와 함께 춤춘다면, 시장 파급효과가 만만치 않을 것으로 보인다. 이 두 서비스를 합쳐 월 15,000원 이하로 서비스되면 당장 넷플릭스와 경쟁 구도가 형성될 것으로 보인다. 이들의 틈바구니에서 국내 스트리밍 서비스들의 점유율 싸움도 펼쳐질 것으로 전망된다.

　월평균 3만 원 이내로 스트리밍 서비스를 소비할 것으로 보이는 국내 소비자들의 특성상 '넷플릭스+국내 서비스(웨이브, 티빙)', '디즈니+스타+국내 서비스' 구도가 형성될지 모른다. HBO맥스와 CBS 올 액세스(파라마운트+), 피콕 등도 서비스를 시작할 것으로 보이지만, 통신사 등과 제휴하지 않고 단독으로 생존하기는 쉽지 않을 것이다. 안타깝지만, 오리지널이 없는 스트리밍 서비스는 다른 생존 방법(광고, 뉴스 탑재, 2부리그 등)을 찾아야 할 것이다.

디즈니+,
아시아를 공략하다

2019년 11월 론칭한 디즈니의 스트리밍 서비스 디즈니+가 북미, 유럽뿐만 아니라 인도네시아에서 큰 인기를 끌고 있다. 일부 아시아 시장에선 넷플릭스의 인기를 넘어서고 있다. 코로나바이러스 대유행 속 극장이 문을 닫으면서 디즈니+의 가입자가 급증하고 있다.

　디즈니+는 인도네시아에 2020년 9월에 론칭했다. 2억 7,000만 명의 인구를 가진 인도네시아의 경우 시장 형성의 초기 단계다. 그러나 할리우드리포터 보도에 따르면 현지 스트리밍 서비스 핫스타(Hotstar)는 2021년 1월 16일 현재 250

디즈니+핫스타

만 명의 가입자를 모았다. 디즈니+는 인도와 인도네시아에 핫스타(디즈니+핫스타)를 통해 제공된다.

디즈니+의 현지화 전략 성공

핫스타 서비스는 디즈니, 마블, 루카스필름, FOX, 내셔널 지오그래픽 등 디즈니+의 서비스뿐만 아니라 250여 편의 인도네시아 로컬 영화도 서비스된다. 어느 정도 현지화한 것이다.

이런 디즈니+의 현지화 전략은 핫스타의 점유율 확대에 큰 도움이 된다. 현지조사 업체인 미디어 파트너스 아시아(Media Partners Asia, MPA)의 자료에 따르면 2020년 12월 기준, 디즈니+핫스타에서 소비되는 인도네시아 콘텐츠는 20% 가까이 된다. 콘텐츠에 대한 자존심이 강한 디즈니로서는 유연한 정책으로 해외 점유율을 높인 점이 큰 도움이 됐다.

게다가 인도네시아 이동통신사 텔콤셀(Telkomsel)과의 프로모션(특정 무선 데이터 상품 가입 시 할인 제공)도 디즈니+ 점유율 확대에 긍정적으로 작용했다. 낮은 가격이 문제긴 하다. 텔콤셀 고객의 핫스타 월평균 이용 가격은 0.80센트~1.40달러다. 디즈니+핫스타에 직접 가입하는 고객의 월평균 가격은 2.60달러다. 인도네시아에서 가장 비싼 월 요금제도 미국의 1/3 수준이다. 한편 넷플릭스는 인도네시아 가입자들에게 8.10~12.50달러의 요금을 받는다. 2021년 2월 현지 조사에 따르면 인도네시아의 스트리밍 서비스 가입 인구는 전체 인구의 3%, 800만 명 정도다. 이 중 10% 정도인 85만 명이 넷플릭스를 이용하고 있다. 이 수치를 보면 성장 가능성은 있다.

특히, MPA 자료에 따르면 디즈니+핫스타가 제공되기 전 인도네시아 스트리밍 서비스 이용 고객이 340만 명 정도였는데, 2020년 말 이후 이용 인구가 106% 이상 증가했다. 2021년 1월 16일에는 SVOD 가입자가 이미 700만 명을 넘어섰다. 디즈니+핫스타를 빼면 이해하기 어려운 숫자다.

MPA 조사에 따르면 2021년 1월 현재 디즈니+핫스타의 점유율은 250만 명 이상이다. 넷플릭스를 완전히 압도했다. 향후 성장도 기대된다. MPA 앤서니 돕슨

(Anthony Dobson) 부회장은 비즈니스 인사이더와의 인터뷰에서 "SVOD의 경우 아시아에서 인도와 중국 다음으로 뜨거운 시장이 인도네시아"라며 "앞으로 더 시장할 것"이라고 언급했다.

인도 시장은 완전히 장악

MPA는 디즈니의 글로벌전략이 성공적으로 수행되고 있다고 지적했다. 2021년 1월 이 회사는 디즈니+핫스타가 인도 시장에서 현지 스포츠 중계권을 확보하고 로컬 오리지널 콘텐츠를 계속 만든다면 8,000만 명의 가입자 확보가 가능하다고 전망하기도 했다. 인도는 중국에 이어 아시아에서 가장 큰 방송 시장이다.

일부 전문가는 디즈니+핫스타가 인도와 인도네시아 시장에서 이미 1,840만 명 정도를 확보하고 있다고 지적한다. 인구 13억 명의 인도는 디즈니+에게 매우 중요한 시장이다. 디즈니는 핫스타로 인도 시장에 진출했는데 무료, VIP, 프리미엄 등 3개 상품군으로 서비스된다.

VIP에는 라이브 스포츠와 인도 영화, 디즈니 영화 등이 모두 서비스되는데 5.40달러다. 프리미엄 버전은 디즈니+ 오리지널과 영어 콘텐츠만 나오고 한 달에 4달러, 1년에 30달러다. 라이브 스포츠 중계권을 포함했다는 것이 이례적이다. 한국 등 다른 아시아 진출에도 참고할 만하다.

월트디즈니컴퍼니에서 글로벌 영업과 DTC 부문을 책임지고 있는 레베카 캠벨(Rebecca Campbell) 대표는 2020년 12월 투자자의 날 행사에서 "우리가 인도에서 서비스하는 방식이 향후 글로벌시장에 어떻게 접근하는지 볼 수 있는 사례"라며 "중산층이 급격히 늘고 있는 인도는 기회의 땅이며, 기존 핫스타와 스타TV의 디지털 브랜드가 진출해 있어서 우리에게 유리하다."라고 언급하기도 했다.

한국 사업자의 운명은?

넷플릭스는 현재 2억여 명의 가입자를 확보하고 있다. 10여 년 동안 이룬 성과다. 한편 디즈니+는 2020년 12월 2일 현재 서비스 1년 만에 전체 가입자 8,660만 명을 확보했다. 디즈니+ 가입자의 30%는 인도, 인도네시아 지역 핫스타 가입자다. 그만큼 아시아 지역이 중요하다는 이야기다. 2020년 4분기 현재 넷플릭스의 아시아 지역 가입자가 2,549만 명 수준인 만큼 조만간 디즈니+가 넷플릭스를 넘어설 가능성도 있다.

디즈니+는 아시아 태평양 지역에 일본과 인도네시아, 인도, 호주 등에 진출해 있다. 올해 한국과 홍콩에 서비스를 론칭한다고 밝힌 만큼, 동북아시아 지역에서 디즈니와 넷플릭스의 진검 승부가 펼쳐질 것이다. MPA는 아시아 태평양 지역 온라인 비디오 시장 매출이 2024년까지 500억 달러 규모로 성장할 것으로 전망했다. 성장 이유에 대해 MPA는 로컬 콘텐츠의 확대와 가상 화폐 등 결제 인프라 고도화를 꼽았다.

그렇다면 아시아 시장에서 한국 스트리밍 서비스 사업자들의 미래는 어떻게 될 것인가? 한국 시장에선 웨이브(WAVVE), 티빙(TVING), 쿠팡 플레이(Coupang Play), 카카오TV 톡(Kakao TV Talk) 등이 경쟁하고 있다. 그러나 아시아 지역은 다르다. 아시아에선 아직 넷플릭스를 제외하곤 지역을 지배하는 스트리밍 플랫폼이 없다.

MPA는 2019년 아시아 태평양 지역 13개 온라인 비디오 사업자(AVOD, SVOD 등)가 전체 시장의 70%를 차지해 211억 달러를 벌어들였다고 분석했다. 중국에선 바이트댄스(Bytedance), 텐센트 비디오(Tencent Video), iQIYI 등이 강력한데, 이들은 현재 중동과 글로벌로 진출 중이다. 인도네시아에선 엠텍(Emtek)의 비디오(Vidio)가 프리미엄 콘텐츠와 스포츠 중계권을 내세워 100만 명의 가입자를 확보했다. 태국에서는 라인TV(Line TV)가 유튜브와 페이스북에 이어 가장 큰 AVOD(광고 기반 VOD) 플랫폼이다. 호주에선 현지 방송사인 나인 엔터테인먼트가 운영하는 9Now(AVOD), Stan(SVOD)이 1위를 기록 중이다.

일본은 현지 지상파 방송 콘텐츠가 지배한다. 지상파 방송이 스트리밍과 OTT도 운영한다. 니폰TV의 Hulu Japan, TVer, TV아사히의 Telasa, Abema TV, TBS의 Paravi, 후지TV의 FOD 등이다. 이외 U-Next의 구독형 서비스도 인기가 있다.

이와 동시에 넷플릭스는 여전히 강력하다. 특히, 일본, 한국, 호주 등에서 존재감을 발휘하고 있다. 아마존 프라임 비디오는 인도, 일본 그리고 호주에서 맹렬히 점유율을 확대 중이다. 여기에 디즈니+가 가세하면 아시아 시장은 더 치열해질 것이다. 디즈니는 올해 ABC, FOX, FX 브랜드 콘텐츠를 담은 또 다른 스트리밍 서비스 스타를 글로벌시장에 내놓는다. 디즈니+와 스타의 합작을 버텨낼 로컬 사업자가 있을지 궁금하다.

만약 한국 사업자들이 우리나라 시장만을 본다면 디즈니+, HBO맥스(워너미디어) 등의 공세에 점점 어려워질 것이다. 그래서 아시아로 나가야 한다. 이 지점에서 한국 콘텐츠의 장래는 밝다. 현재 동남아시아 지역은 일부 지역 방송사와 한국 콘텐츠를 앞세운 Viu(홍콩 통신사 PCCW의 스트리밍)가 키를 쥐고 있다. 이 사실이 무엇을 의미할까? 남이 아닌 우리(한국 서비스)가 가지고 나가면 된다.

미국 광고 기반 스트리밍 서비스, 월간 이용자 2억 명 돌파

영국 런던의 조사 업체 옴디아(Omdia)의 조사에 따르면 최근 미국인들이 매달 평균적으로 사용하는 스트리밍 서비스가 7.2개에 달하는 것으로 집계됐다. 이런 증가는 지난 2020년 이용할 수 있는 스트리밍 서비스가 급격히 늘었기 때문이다. 특히, 코로나바이러스 대유행을 거치면서 광고 기반 VOD, 즉 AVOD 서비스 이용자가 증가했다. 전 세계적으로 AVOD의 활성 월간 이용자는 2020년에 비해 급증했다. 인도의 AVOD 이용자 숫자는 5억 명이 넘어 이 흐름을 주도했다. 미국은 2위로 AVOD 이용자가 2억 명 가까웠다. 월간 활성 이용자뿐만 아니라, 일일 이용량과 사용 빈도도 늘었다.

스마트TV, AVOD 주 시청 매체로 부상

조사에 따르면 AVOD 이용자의 3분의 2가 TV로 VOD를 보고 있었다. 스마트TV가 VOD 시청의 주 매체 중 하나로 떠오른 것이다. 2020년 초, 스마트TV 앱은 셋톱 박스를 제치고 무료 AVOD 서비스에서 가장 많이 사용되었다. 여기서 셋톱 박스란 로쿠(Roku) 등 인터넷으로 스트리밍 서비스를 이용할 수 있게 하는 이른바 '스트리밍 박스'다.

스마트TV를 통한 VOD 시청은 영국과 독일에서 급증했다. 특히, 기존 방송사 프로그램을 VOD로 보는 경향이 크게 늘었다. 인기 있는 지상파 TV 프로그램을 실시간 방송 대신 VOD로 시청한 것이다. 옴디아의 수석 애널리스트 파테하 베굼(Fateha Begum)은 "구독 VOD와 AVOD의 소비가 동시에 증가했다."라고 분석했다. 유료와 무료에 걸쳐 비 실시간 시청 트렌드가 시청자들 사이에 제대로 자리 잡았음을 말해주는 지표다.

동시에 TV 수상기는 유튜브 등 사용자 제작 콘텐츠(user-generated content)의 핵심 매체가 되고 있다. 유튜브 이용자 10명 중 4명이 TV를 통해 보고 있었다. 이들 중 63%는 스마트TV를 이용했다. TV로 유튜브를 보는 이용자가 늘었고 이런 소비자들 사이에선 스마트TV가 대세였다고 분석했다. 이를 비율로 계산해보면 전체 유튜브 이용자 10명 중 2.5명이 스마트TV를 시청 플랫폼으로 사용한 것이다. 이런 경향을 반영하듯, 삼성은 숏폼 동영상 플랫폼 틱톡을 TV에서 이용할 수 있는 스마트TV, 이른바 틱톡 TV를 영국과 유럽에 선보인다고 밝혔다.

AVOD 이용자, 유료 온라인 비디오 서비스도 가입

국가별로 구독형 온라인 서비스와 AVOD 서비스 숫자는 직접적인 상관관계가 있다. 글로벌 7개 시장에서 무료 AVOD 사용자 10명 중 8명은 온라인 비디오 서비스에 가입했고, 10명 중 7명은 케이블TV 등 유료 TV를 사용하고 있었다. 이 이야기는 AVOD 이용자 상당수가 유료 동영상 플랫폼(스트리밍, 온라인 서비스, 유료 방송)도 동시에 보고 있다는 뜻이다. 실제, 유럽 각국에서 무료 AVOD 이용량 증가와 함께 온라인 비디오 서비스 가입도 증가했다. 영국의 경우 비디오 서비스의 월간 단위 이용 숫자가 2019년 평균 4.9개에서 2020년 5.4개로 증가했다. 같은 기간 프랑스(4.6개), 독일(3.9개), 브라질(4.5개) 등으로 모두 증가했다. 인도가 2020년 4월 9.1개에서 11월 8.9개로 소폭 줄었지만, 연간 기준으로는 늘었다.

옴디아는 향후 3년간 글로벌시장에서 온라인광고 매출이 1,200억 달러 이상으로 늘어날 것으로 예측했다. 온라인 비디오 서비스 구독 매출을 20% 이상 앞서는 수치다. 상황이 이렇지만, 어쨌든 온라인광고 매출과 구독 매출은 함께 증가할 것이다. 실시간 TV가 문제지, 온라인 콘텐츠 소비는 늘어난다.

방송사가 직접 제공하는 VOD 더 늘 것

VOD를 보는 경향이 늘어나면서 실시간 TV의 광고 매출은 줄어들고 있다. 이런 이유로 방송사들은 온라인상에서 이를 상쇄할 '프리미엄(Free+Premium)'이라는 콘텐츠를 내놓고 있다. 광고 대신 VOD 서비스로 수익을 보전하는 전략이다. 그러나 VOD 유통경로가 다르다. 플랫폼이 아닌 스마트TV 애플리케이션을 통해 직접 VOD 상품이나 AVOD를 제공하는 것이다. 예를 들어 JTBC가 케이블TV가 아닌 스마트TV 애플리케이션을 통해 월 정액제 VOD 상품을 내놓거나, 광고 AVOD를 유통하는 경향이 늘 것이라는 분석이다. 월정액제도 톱5(방송사 프로그램 중 5개만 골라 보기 등) 등으로 더 다양해질 수 있다.

전문가들은 이 같은 AVOD와 SVOD의 하이브리드 모델이 시간이 지날수록 늘어날 것으로 전망하고 있다. 온라인 VOD 유통은 페이스북과 구글 등과 수익을 나눠야 했지만, 스마트TV는 다르다. 때문에 옴디아는 향후 3년 동안 TV 시장에서 방송사들의 직접 VOD 유통 점유율이 증가할 것으로 예상한다. 배굼 애널리스트는 "AVOD 사용자들은 콘텐츠 소비 성향이 매우 높으며, 비용과 관계없이 콘텐츠에 굶주려 있다. AVOD의 인기가 높아지고 스마트TV 등 콘텐츠 접근성이 더 좋아지면, 기존 케이블TV 등 유료 방송의 존재감이 없어질 것"이라고 말했다.

HBO맥스,
글로벌 프로젝트 가동

2021년 봄으로 접어들면서 스트리밍 서비스들의 글로벌시장 진출이 본격화되고 있다. 넷플릭스를 넘어서기 위한 본격적인 움직임이다. 먼저 HBO맥스가 나섰다. 워너미디어의 스트리밍 서비스 HBO맥스는 보도자료를 통해 오는 6월 말 남미 39개국과 카리브 지역에서 서비스를 시작한다고 밝혔다. 미국 이외 국가에서 서비스 계획을 밝힌 것은 이번이 처음이다.

서비스 지역은 자메이카, 멕시코, 엘살바도르, 아르헨티나, 브라질, 컬럼비아, 코스타리카, 도미니카 등 사실상 남미 지역 모든 국가다. 이들 지역에선 지금 HBO맥스의 전신인 HBO GO를 서비스하고 있는데, 이 서비스를 이용하는 고객들은 6월 이후 곧바로 HBO맥스를 사용할 수 있다. 또 현지 파트너와 손잡고 협력 모델 진출에도 나선다.

라틴 아메리카에 서비스되는 HBO맥스는 기존 HBO, 워너미디어, DC, 워너브러더스의 콘텐츠와 함께 새로운 어린이 프로그램과 지역 특화 콘텐츠, 오리지널 콘텐츠도 선보일 예정이다. HBO맥스 인터내셔널 대표 요하네스 라처(Johannes Larcher)는 보도자료를 통해 "HBO맥스의 라틴 아메리카와 카리브 지역 진출에 매우 흥분된다. 미국 이외 지역 첫 진출이며 글로벌시장을 향한 시동"이라고 설명했다. 라처는 또 "HBO맥스 프로그램과 함께 남미 각 지역에서 제작한 콘텐츠를 함께 제공해 지역민들이 잊지 못할 서비스를 할 것"이라고 덧붙였다. 워너미디어에 따르면 미국 내 HBO맥스 가입자는 4,100만 명, 전 세계 6,100만 명(HBO GO) 정도다.

미국 스트리밍 사업자들의 해외 진출 본격화

라틴 아메리카에서 HBO맥스 서비스가 시작되면 기존 HBO GO 서비스는 종료된다. 구독자는 모두 자동으로 HBO맥스로 전환된다. 이 앱의 운영은 글로벌 기술 조직이 맡는다. 이 조직은 향후 계속될 해외 진출과 미국 시장에서의 서비스에서 발생하는 기술 이슈를 담당하게 된다. HBO맥스는 라틴 아메리카에 이어 유럽 서비스도 준비 중이다. 2021년 말이 될 확률이 높은데, 노르웨이, 스페인, 중부 유럽, 포르투갈이 첫 시장이 될 것으로 보인다. 방식은 라틴 아메리카에서처럼 HBO맥스+로컬 콘텐츠, 단독+협업 등이 될 확률이 높다. 한국 등 아시아 지역은 아직 서비스 일정이 나오지 않았다. 아마도 유럽과 비슷한 시기일 것으로 보인다.

HBO맥스의 해외 공략은 지역 경쟁이 치열해질 것을 예고하는 일이기도 하다. 지금 한국을 비롯해 미국 외 지역에서 제대로 서비스하고 있는 스트리밍 서비스는 넷플릭스뿐이다. 그러나 2021년에는 디즈니+, 피콕, 애플 TV+가 모두 해외 확장을 선언했다. 이 경쟁에서 한국도 예외일 수 없다. 아마도 일본에 이어 올해 하반기부터 글로벌 사업자들의 한국 내 진출 선언이 이어질 것으로 보인다. 이 중 디즈니+가 앞서고 HBO맥스, 피콕 등도 한국에 관심이 있는 것으로 알려졌다.

글로벌 사업자의 한국 진출은 기회이자 위기

글로벌 사업자들의 한국 진출은 콘텐츠 산업에 있어 기회이자 위기가 될 것이다. 물론 넷플릭스가 서비스를 시작했을 때와 같지만, 방송 시장 주도권이 스트리밍으로 넘어간 상황에서의 진출은 다시 고민하게 한다. 특히, 한국 진출을 고민하는 사업자 대부분의 서비스 방식이 '글로벌 공통 콘텐츠+로컬 콘텐츠'여서 국내 제작 스튜디오 입장에선 입지가 애매할 수밖에 없다. 한국 방송 시장을 잠식(글로벌 공통 콘텐츠)당할 수도 있고 프로그램을 판매해 글로벌 진출의 기회로 삼을 수도 있다. 고민이 깊어지지만, 현실을 외면할 순 없다.

이와 관련 넷플릭스가 최근 캐나다 투자자와 함께 현지 사무소를 확장한다는 뉴스를 생각해볼 필요가 있다. 이 회사 CEO인 테드 사란도스(Ted Sarandos)는 회사 블로그를 통해 캐나다에 새로운 오피스를 만들고 지역 오리지널 콘텐츠를 위한 최고 콘텐츠 책임자를 뽑는다고 밝혔다. 사란도스는 "지난 2017년 이후 캐나다에 20억 달러를 투자했다. 캐나다 드라마 〈Anne with an E〉 등 오리지널 콘텐츠에 투자해 글로벌로 공급했다."라고 설명했다. 넷플릭스는 지난 2012년 캐나다와 첫 오리지널 작품을 만들었다. 온타리오에서 찍은 〈헴록 글로브(Hemlock Glove)〉였는데, 그 이후 캐나다는 넷플릭스의 매우 중요한 파트너가 됐다. 2020년에도 인기 드라마 〈네버 해브 아이 에버(Never Have I Ever)〉를 만들어 글로벌 시장에서 서비스했다.

지난 3년간 넷플릭스는 캐나다와 콘텐츠 공동 제작 및 개발 강도를 더 높였다. 캐나다 전역의 콘텐츠 크리에이터와 함께 글로벌 작품을 만들고 있다. 20여 개 제작사와 파트너십을 맺었고, 일하는 크리에이터만 600명이 넘는다. 이와 관련 넷플릭스는 "공동 제작과 구매(라이선싱)를 통해 캐나다의 이야기를 세계에 알리는 데 주력할 것"이라고 밝히기도 했다. 캐나다 넷플릭스 사무실은 토론토에 있는

넷플릭스 드라마 〈네버 해브 아이 에버〉

제작 허브에 추가로 만들어진다. 지난 2019년 넷플릭스는 토론토와 밴쿠버 지역에 8개 층 스튜디오와 오피스를 임대한 바 있다.

여기서 넷플릭스의 캐나다 사례를 든 이유는 그들의 위대함을 소개하려는 목적이 아니다. 투자가 아닌 육성, 구매가 아닌 정착에 가까운 그들의 투자 방식에 대해 다시 한번 생각해보기 위해서다. 지금까지 많은 할리우드 스튜디오들이 해외 콘텐츠에 투자했고 구매도 많이 하지만, 넷플릭스만큼 토착화를 이룬 사업자는 많지 않다. 그리고 과거에는 미디어 플랫폼이 지역별로 분화되었지만, 지금 넷플릭스 가입자는 2억 명이 넘는다. 넷플릭스와의 협업은 분명 필요하지만, 넷플릭스 현지화를 돕다가 넷플릭스 화 되는 건 경계해야 한다. 이런 상황에서 다른 사업자의 한국 진출은 우리에게 기회일 수 있다. 다른 사람이 아닌 우리의 속도로 글로벌 사업자와 만나야 한다. 콘텐츠는 문화고, 문화는 다양성이 중요하다.

HBO맥스,
2025년 가입자 1억5천만 명 예상

AT&T의 스트리밍 서비스 HBO맥스가 오는 2025년 가입자 전망을 1억2,000만 ~1억5,000만 명으로 상향 조정했다. 이전 예상치는 7,500~9,000만 명이었다. 스트리밍 시장 급성장과 HBO맥스의 실적 향상이 반영된 수치다. 또 광고를 편성하면서 월 이용 가격을 낮춘 AVOD 모델을 2021년 6월에 내놓는다.

AT&T는 이 같은 내용을 담은 HBO맥스 운영 목표를 2021년 3월 12일 애널리스트와 투자자 대상 프레젠테이션에서 공개했다. 예상 가입자 목표가 높아짐에 따라 이를 포함한 HBO의 매출도 향후 5년 내 2배 이상 증가할 것으로 예측했다. 2020년 워너미디어의 HBO 부문 영업수익은 68억 달러였다. 이 자리에서 AT&T는 "글로벌시장에서 HBO맥스의 규모를 키우기 위해 투자를 늘린다. 2022년에 실적 개선, 2025년에는 손익 분기점을 넘길 것으로 기대한다."라고 설명했다.

AT&T는 2021년 말 기준, 케이블TV HBO와 스트리밍 서비스 HBO맥스 가입자가 6,700만~7,000만 명으로 늘어날 것으로 전망했다. 2020년 말 6,100만 명보다 약 10~15% 증가한 수치다. 현재 HBO맥스 및 HBO의 글로벌시장 가입자는 미국 HBO맥스 가입자, 미국 및 글로벌시장 HBO 가입자, 무료 이용 고객, 각종 번들(시네맥스 등) 가입자 등으로 구성되어 있다.

2020년 말 기준, 미국 내 HBO맥스와 HBO 가입자는 4,150만 명으로 규모가 가장 컸다. 전년 대비 20% 성장한 수치다. 2020년 크리스마스에 무료 공개된 영

화 〈원더우먼 1984〉의 덕이 컸다. 그러나 유료 방송 묶음 상품이나 프로모션으로 가입해 HBO맥스를 무료로 전환해 볼 수 있는 HBO 가입자 3,770만 명 중 절반 이하인 1,720만 명만이 스트리밍으로 전환했다.

HBO맥스 활성화를 위해 AT&T는 광고가 포함된 AVOD 버전을 6월에 내놓는다. 월 이용 가격은 현재 이용 가격인 15달러의 절반 이하가 될 것으로 보인다. 제이슨 키라 워너미디어 CEO는 최근 모건 스탠리 투자자 컨퍼런스에서 "상당수 사람은 그리 여유가 있는 편이 아니다. 광고를 통해 많은 이들에게 접근하고 이들이 HBO맥스를 경험하게 되면 상황이 달라질 것"이라고 설명했다.

이와 함께 글로벌 진출 계획도 구체화했다. AT&T는 2021년 미국 외 60개 시장에 진출할 계획이다. 일단 남미 39개국과 카리브 지역은 6월 말, 유럽 21개 지역은 올해 하반기다. 아직 한국 등 아시아 진출 일정은 확정되지 않았다.

지난해 코로나바이러스 대유행으로 미국 미디어 업계에서 대량 해고 및 무급 휴직 등이 진행됐지만, 정작 미디어와 엔터테인먼트 기업 CEO들은 높은 보상을 받은 것으로 확인됐다. 제이슨 키라도 2020년 보수 및 주식 보상으로 5,200만 달러를 벌어들인 것으로 알려졌다. 키라는 워너미디어 영입 당시 4,800만 달러 규모 양도제한 조건부 주식(Restricted Stock Unit)을 받은 바 있다. 이는 AT&T가 증권거래소에 제출한 보고서를 통해 확인됐다. 이 금액은 AT&T 입장에서는 많은 수준이지만, 기술 대기업이나 미디어 분야에서는 통상적인 수준이다. AT&T가 스트리밍 서비스 시장 대응을 위해 훌루 설립자이자 최고 전문가인 키라를 모셔오기 위해 얼마나 노력했는지 알 수 있는 대목이다.

키라의 연봉 중 상당 부분은 주식 보상(4,920만 달러)이며 기본 연봉은 160만 달러였다. 2020년 워너미디어에 부임한 키라는 HBO맥스를 론칭하고 워너미디어 조직을 스트리밍 시대에 맞게 개편하는 역할을 맡았다. 키라의 연간 총 보상액은 370만 달러에 맞춰져 있다. 기본 연봉과 보너스를 포함해 250만 달러, 여기에 양도제한 조건부 주식을 120만 달러 가치로 받는 계약이다. 이는 모회사 CEO인 존 스탠키(John Stankey)보다 많은 금액이다. 스탠키는 지난해 총 2,100만 달러의 보수를 받았다. 전년 2,250만 달러에 비해 다소 하락했다. 코로나바이러스 대유행으로 기본급의 절반을 반납했기 때문이다. 그의 기본 연봉은 200만 달러이고, 주식 보상 1,350만 달러, 현금 성과급은 325만 달러였다.

한편, AT&T는 올해 90개 이상 광역 지역에서 300만 명의 초고속 인터넷 가입자를 확보할 것으로 예상했다. 또 FCC의 주파수 경매에서 80MHz의 C 밴드 주파수를 274억 달러에 확보한 AT&T는 올해 망 구축을 시작한다고 밝혔다. 연말까지 AT&T는 이 주파수의 첫 40MHz 배치를 시작할 계획이다. 이를 위해 60~80억 달러를 투자한다. AT&T가 주파수 매입을 위해 조달한 약 60억 달러의 순 부채 예상액을 반영하면, 올해 말 감가상각 전 영업이익(EBITA)의 순채무 비율이 3.0배로 마무리될 것으로 예상한다.

디즈니+,
넷플릭스 맹추격

"디즈니가 달릴 수 있도록 넷플릭스는 걸었다(Netflix walked so Disney could run)."

미국 블룸버그 통신의 미디어 전문기자 루카스 쇼(Lucas Shaw)가 기사에 쓴 문구다. 적어도 2020년 이후 1년 사이 미국 스트리밍 시장에서 통할 법한 이야기다. 디즈니의 스트리밍 서비스 디즈니+가 출시 14개월 만에 9,500만 명을 돌파했다. 전례 없던 속도다. 지금 최고의 자리에 올라있는 넷플릭스도 9,500만 명 구독자를 모으는 데 9년이 걸렸다. 넷플릭스가 만들어놓은 길을 디즈니가 따라가며 달성한 수치라고 말할 수도 있다. 넷플릭스는 의심 많은 케이블TV 가입자들을 스트리밍 서비스로 인도한 선구자다. 하지만 그 점을 인정하고도 속도가 너무 빠르다. 디즈니는 현재로선 글로벌 스트리밍 시장에서 규모의 경제를 이룬 첫 번째 전통 할리우드 스튜디오다. 여기서 궁금증이 생긴다. 이 속도라면 디즈니가 넷플릭스를 따라잡는 데 얼마나 걸릴까?

2026년, 디즈니가 넷플릭스에 앞선다

디즈니가 달려오는 사이 넷플릭스도 가만히 있지는 않을 것이다. 치열한 경쟁이 예상되는데, 그래도 디즈니는 만만한 사업자가 아니다. 오리지널 콘텐츠를 늘릴

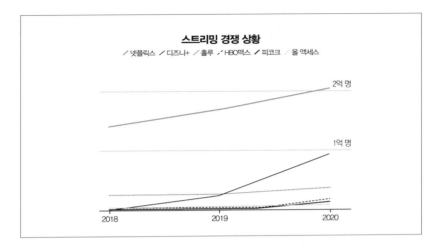

스트리밍 경쟁 상황

／넷플릭스 ／디즈니+ ／훌루 ／HBO맥스 ／피코크 ／올 액세스

2억 명

1억 명

2018   2019   2020

것이고, 수많은 영화를 디즈니+에 투입할 것이다. 2020년 12월 디즈니 투자자의 날 행사에서도 향후 제작되는 영화, 드라마의 80%를 스트리밍 서비스에 바로 공급하겠다고 공언했다.

스트리밍 사업자들의 경주를 보면 결론도 예상된다. 위 그래프를 보면 기울기가 가팔라지고 있는 디즈니+의 맹렬한 기세가 느껴진다. 골든 크로스(Golden Cross)가 올 수도 있다. 조사기관인 디지털 TV 리서치는 오는 2026년 디즈니+ 가입자가 2억9,400만 명, 넷플릭스 가입자가 2억8,600만 명이 될 것으로 전망했다.

분석도 함께 했는데 이런 역전은 인도의 영향이 클 것이라는 이야기다. 2026년 인도 디즈니+핫스타 가입자는 9,800만 명으로 넷플릭스의 1,300만 명을 압도할 것으로 예측됐다. 디지털 TV 리서치의 시몬 머레이(Simon Murray) 수석 애널리스트는 "디즈니+핫스타는 오는 2026년까지 아시아 13개 국에 론칭할 것"이라며 "이들 국가의 인구 수는 1억800만 명으로 디즈니+ 글로벌 가입자의 37%를 구성할 것"이라고 예상했다.

진정한 승부는 수익성에서 판가름

그러나 점유율은 매출이나 수익과 다른 문제다. 2020년 규모를 보면 디즈니가 짧은 업력에 비해 많은 매출을 올린 것이 사실이다. 차이는 다른 데서 발생한다.

2020년 스트리밍 사업자 매출(출처 각 사)

넷플릭스	250억 달러
YouTube	198억 달러(구독서비스 제외)
Disney	100~110억 달러
바이어컴	20~30억 달러

넷플릭스와 디즈니의 가장 큰 차이점은 1인당 평균 매출(ARPU, Average Revenue Rer User)이다. 최근 지표를 보면 디즈니+의 ARPU는 평균 4달러인데 반해 넷플릭스는 11달러에 가깝다. 이 괴리 역시 인도 때문이다. 인도 등 동남아시아 지역의 객단가가 워낙 낮다. 디지털 TV 리포트는 "이들 지역 가입자가 디즈니 전체의 37%를 차지할 것으로 보이지만 매출은 26억2,000만 달러로 전체의 13%에 그칠 것"이라고 분석했다. 미국 가입자 월간 구독료의 1/3도 안 된다. 이에 디지털 TV 리서치는 2026년 디즈니+의 매출이 207억6,000만 달러로 넷플릭스의 395억 2,000만 달러에 크게 못 미칠 것으로 예상했다.

이렇듯 디즈니+의 1인당 매출은 역설적으로 글로벌 진격과 함께 줄어들고 있다. 심지어 디즈니가 보유한 또 다른 스트리밍 서비스 훌루는 미국에서만 서비스하는 데도 매출 측면만 보면 디즈니+에 앞선다. 서비스 가격(훌루라이브TV 기준)이 3배가량 높기 때문이다. 실시간 채널까지 포함된 훌루라이브TV 서비스는 가입자가 400만 명가량 된다.

물론 미디어 플랫폼 사업이라는 것이 객단가로만 결정되지는 않기 때문에, 디즈니에게 버틸 여력만 있다면 상관없다. 어느 사업자가 판을 장악하고 유리한 고지에 오를지는 시간이 판단해 줄 것이다.

결국, 레이스를 견디는 사업자가 승자

디즈니의 맹렬한 추격전은 다른 스트리밍 사업자들에게 고민일 수밖에 없다. 특히, 이제 막 글로벌 스트리밍 서비스 시장에 뛰어든 바이어컴CBS(파라마운트+), NBC유니버설(피콕), 워너미디어(HBO맥스) 등은 디즈니의 길을 따를 수 있을지 능력을 증명해야 한다. 제작비를 쏟아부어야 한다는 이야기다.

일부 할리우드 미디어들은 벌써 사업자들의 인수합병을 이야기한다. 실리콘밸리 전문 미디어 인포메이션(The Information)은 NBC유니버설이 워너미디어와 합병해야 생존 가능하다고 전망하기도 했다. 여기에 바이어컴CBS를 300억 달러면 살 수 있다는 예측도 있다. 다시 말하면 바이어컴CBS, 워너미디어, NBC유니버설의 레이스 여부도 주요 향후 스트리밍 시장에서 관전 포인트다. 넷플릭스와 디즈니의 위험한 도박에 참여할지 아니면 돌을 던질지 판단해야 할 시기가 오고 있다.

어느 정도 규모를 갖춰야 생존할 수 있을지는 아직 알 수 없다. 전체 스트리밍 서비스 시장 크기가 획정되지 않았기 때문이다. TV 시장만이 아닌 영화 시장도 포함되고 게다가 전례 없던 글로벌 방송 시장도 스트리밍 서비스로 통합되고 있다. 그 규모가 어마어마할 수도 있다.

그렇지만 진실은 하나 있다. 시장이 어떻게 진행되든 3위나 4위 사업자도 생존이 가능할 것이다. 그러나 넷플릭스와 디즈니의 속도로 볼 때 최소 1억 명 가입자는 확보해야 3위를 할 수 있어 보인다. 여기에 세계 1위 온라인 마켓인 아마존은 제외다. 그들에게 스트리밍 서비스는 부가 사업일 수 있다.

그렇다면 한국 사업자들은 어떻게 해야 할까? 지역의 맹주로 살아남든, 규모의 경제를 갖추든 판단을 해야 할 것이다. 그리고 3개 사업자가 만들어주는 콘텐츠를 앞세우거나, 아니면 경쟁자와 합치거나 묶어야 할 수도 있다. 우리가 가만히 있고 싶어도 머무를 수 없는 시장 경쟁이 펼쳐질 것이다. 고냐 스톱이냐는 결국 투자가 결정지을 것이다.

디스커버리+,
구독자 1,100만 명 돌파

2021년 1월 4일, 다큐멘터리·음식·여행 중심의 케이블TV 채널을 운영하는 디스커버리(Discovery)가 자사의 스트리밍 서비스 구독자가 1,100만 명을 돌파했다고 밝혔다. 미국 내 가입자가 700만 명, 나머지는 해외 가입자다. 이에 회사는 오는 2021년 말까지 700만 명이 더 늘어날 것으로 전망했다. 현재 디스커버리가 보유한 케이블TV 채널은 HGTV, TLC, Food Network, Animal Planet, OWN 등이다. 미국뿐만 아니라 라틴 아메리카와 유럽, 아시아에 진출해 있다.

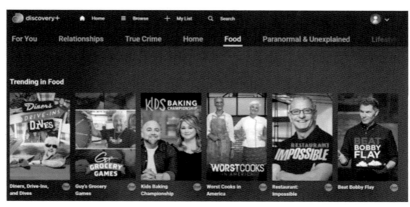

월 4.99달러에 서비스하는 디스커버리+

스트리밍 서비스 디스커버리+는 미국과 일부 글로벌 국가에서 론칭했다. 가격은 한 달에 4.99~6.99달러(광고 없는 버전)인데, 출시 당시 55,000시간의 단독 콘텐츠가 제공됐다. 스포츠와 운동, 여행 등에 특화된 전문 스트리밍 서비스로는 상당한 수준이다. 첫 출시 당시에는 50여 개 오리지널 콘텐츠가 서비스되어서 애플TV+나 디즈니+를 넘어서기도 했다. 그래서 드라마 등 예능 장르가 포함된 스트리밍 서비스보다 더 빠른 성장세를 보일 것이라는 예측도 있다. 현재 디스커버리는 정확한 가입자 목표치를 공개하지 않고 있지만, 본격적으로 글로벌시장에 진출 시, 2억 명의 가입자를 보유한 넷플릭스 급 파급력을 보일 것이라는 예상도 있다. 미국에선 통신 사업자 버라이즌(Verizon)과 협력해 스마트폰 가입자들에게 1년 무료 디스커버리+이용권을 주고 있다.

스트리밍 프리미엄이 반영된 주가

스트리밍 가입자 증가에 따라 수익도 지속적으로 늘고 있다. 디스커버리는 2020년 4분기 매출을 28억8,900만 달러, 주당 이익 76센트라고 밝혔는데 미국 증권가의 예측과 거의 유사하거나 상회했다(증권가 예상 매출 28억3,000만 달러, 주당 72센트). 2020년 전체 매출은 106억7,100만 달러 정도였는데, 전년 대비 약 4% 감소한 수준이다. 미국 내 광고 매출이 5% 줄어들었고, 글로벌시장 광고 매출은 12% 하락했다.

디즈니+ 등 다른 미디어 기업과 유사하게 디스커버리도 스트리밍 서비스를 론칭한 점이 회사 가치 상승에 큰 도움이 되고 있다. 실제, TV와 영화 제작이 몇 달동안 중단되고 미국 콘텐츠 산업을 상당히 위축시킨 코로나바이러스 대유행이 계속되는 가운데서도 디스커버리 주가는 역대 최고치를 경신했다.

주가 호조에는 스트리밍 서비스와 함께 디스커버리의 뛰어난 포트폴리오도 한몫했다. 디스커버리의 2020년 4분기 실적을 보면 미국 수출형 콘텐츠 그룹의 전형적인 모습과 닮아있다. 미국 내 광고 감소와 케이블TV 프로그램 사용료 위축을 글로벌시장 진출과 구독료 수입으로 어느 정도 만회하는 모습이다. 그래서 코로나바이러스 혼란 속에서도 어느 정도 버텨낼 수 있었다.

물론 투자로 인한 일정 정도의 손실은 있다. 기업 성장의 핵심 지표인 현금흐름은 1년 전 11억 달러에서 4억4,100만 달러로 급락했다. 코로나바이러스 대유행 여파로 광고가 급격히 줄었지만, 스포츠 판권, 세금, 운영자금 등은 여전히 지급됐기 때문이다.

하지만, 디스커버리의 글로벌사업은 나름대로 선방하고 있다. 영국, 스페인, 폴란드 등에서 강세를 보이며 회사 주가도 연일 상승했다. 특히, 리얼리티 프로그램과 라이프스타일, 음식, 여행 등의 프로그램을 편성하고 있는 TLC가 여성층에서 강한 지지를 받으면서 '여성 시청자'도 급격히 늘었다. 디스커버리는 25~54세 여성 시청자 수가 네트워크 출범 이후 가장 많았다고 밝혔다. 코로나바이러스 대유행으로 집에 갇힌 여성 시청자들이 TLC 채널 앞으로 모였음을 보여주는 사례다.

충성도 높은 시청자, '둘 중 하나'가 아닌 '그리고' 전략

디스커버리의 CEO 데이비드 자슬라브(David Zaslav)는 "스트리밍 서비스 디스커버리+ 가입자 증가에 대해 일부 케이블TV 채널을 보여주던 디스커버리 GO(Discovery Go)의 가입자가 안정적으로 디스커버리+로 이전한 것이 긍정적이었다."라고 서술했다. 다시 말해 본격적인 스트리밍 서비스 사업을 하기 전 준비했던 디지털 구독자 사업이 지금의 가파른 성장을 도왔다는 이야기다. 자슬라브 CEO는 현재 디스커버리+에 광고를 하는 광고주가 100여 곳을 넘는다고 컨퍼런스에서 밝혔다.

자슬라브 CEO는 컨퍼런스에서 디스커버리의 스트리밍 시장 공략법은 일반 예능이나 드라마 등을 편성하는 다른 스트리밍 회사와는 다르다고 여러 차례 강조했다. 디스커버리의 콘텐츠 포트폴리오는 '유료 지불 의사가 있는 오리지널 콘텐츠'라는 것이다. 이와 관련 디스커버리는 디스커버리+에 방송되는 콘텐츠 중 TV에 방송됐던 콘텐츠는 50% 정도라고 설명하고 있다. 디스커버리+가 단순히 기존 채널의 복제가 아닌 스트리밍에 걸맞은 오리지널 프로그램을 제공하는 서비스라는 의미다. 스트리밍에 제공되는 50% 오리지널 콘텐츠는 시청자들에게 구독의 가치를 느끼게 해주는 콘텐츠의 질을 가지고 있다고 디스커버리는 자신하고 있다.

디스커버리는 경쟁이 치열한 미국 스트리밍 시장에 비교적 뒤늦게 뛰어들었지만, 차별화 전략이 확실하다. 시청자들이 원하지만, 다른 곳에서 볼 수 없는 콘텐츠를 제공한다는 것이 원칙이다. 그래서 드라마나 예능 대신, 실생활에 필요한 콘텐츠들을 제공하는 데 집중했다. 이에 미국 홈인테리어 구루(Guru)인 칩과 조아나 게인스(Chip and Joanna Gaines)가 운영 중인 매그놀리아 네트워크(Magnolia Network)와 조인트 벤처를 만든 뒤, 2021년 7월 15일 DIY 시리즈를 내놓는다는 계획도 세웠다. 디스커버리는 흑인 여성들에게 매우 충성도가 높은 오프라 윈프리가 만든 케이블TV 채널 OWN의 지분 대부분(93%)을 인수하기도 했다.

이런 방향성에 대해 디스커버리는 의미심장한 언급을 했다. 디스커버리 인터내셔널 대표 겸 CEO JB 페레트(JB Perrette)는 "점점 더 커지는 스트리밍 서비스 시장에서 디스커버리+는 둘 중 하나가 아니라 그리고(not an 'either-or' but an 'and')가 될 것"이라며 "앞으로 이런 경향은 더 강해질 것"이라고 말했다.

중독성 있고 확실한 팬이 있는 콘텐츠인 만큼, 디스커버리+는 넷플릭스와 디즈니+ 등 이른바 핵심 스트리밍 서비스와 함께 이용자들이 반드시 구독해야 하는 서비스가 될 것이라는 예상이다. 디스커버리는 한국에서의 낮은 인지도와는 달리 인테리어, 자연 다큐멘터리, 여성, 동물 등 코로나바이러스 시대에 최적화된 콘텐츠를 가지고 있다. 앞으로의 확장성도 뛰어날 것으로 보인다.

이를 위해 디스커버리+는 소셜 미디어 서비스에 많은 광고를 투입하고 있다. 특히, 여성과 Z세대 시청자가 많은 인스타그램과 트위터에 화력을 집중하고 있다. 광고 분석회사 패스매틱스(Pathmatics)에 따르면 디스커버리+는 2021년 2월 15일까지 3,400만 달러를 인스타그램, 트위터, 모바일, PC, 비디오 등 디지털 광고에 투입했다.

디스커버리 실적이 가르쳐준 교훈

디스커버리+의 성공 여부는 한국에도 의미가 있을 수 있다. 규모의 경제에서 콘셉트로 경쟁하는 사업자의 루트는 우리에게 열린 길일 수 있다. 한국 방송 프로그램도 둘 중 하나가 아닌 '그리고'의 번들(Bundle)에 포함될 수 있는 충분한 프리미엄을 보유하고 있다.

뉴스코퍼레이션의 CEO 로버트 톰슨(Robert Thomson)은 최근 구글과 콘텐츠 라이선스 계약을 하면서 이렇게 밝혔다. "프리미엄 저널리즘은 프리미엄을 받아야 한다(there should be a premium for premium journalism)." 여기에서 저널리즘을 콘텐츠로 바꾸면 답이 보인다. 프리미엄을 받을 콘텐츠는 얻어지는 것이 아니라 만들어지는 것이다.

바이어컴CBS, 파라마운트+를 위해 극장을 희생하다

바이어컴CBS가 스트리밍 서비스 구하기에 나선다. 2021년 3월 4일 론칭한 자사의 스트리밍 서비스 파라마운트+(Paramount+)를 위해 제작 영화들의 극장 독점 개봉 기간을 기존 90일에서 2달 이내로 대폭 줄일 계획이다. 바이어컴CBS는 할리우드 주요 스튜디오인 파라마운트 스튜디오의 모회사다.

2021년 2월 24일 바이어컴CBS의 투자자의 날 행사에서 밥 바키쉬(Bob Bakish) CEO는 이 같은 내용을 발표해 시장에 충격을 줬다. 이에 앞서 워너미디어가 2021년 개봉하는 모든 영화를 스트리밍 서비스와 동시에 공개하고 유니버설 스튜디오도 일부 영화에 대해 극장 독점 개봉을 17일 이내로 줄인다고 밝힌 바 있다. 그러나 파라마운트가 할리우드에서 상당한 지분을 차지하고 있다는 점에서 시장에 주는 파급효과는 크다. 이에 할리우드나 미국 미디어 비즈니스는 넷플릭스에 대응하기 위한 방어 체계를 갖추는 데 화력을 집중하는 모양새다.

CBS 올 액세스를 확대한 모델인 파라마운트+는 월 4.99달러(광고 포함), 9.99달러(광고 없음) 두 종류 가격대로 제공된다. 9.99달러 상품에는 4.99달러 상품에 없는 스포츠나 오리지널 뉴스, 예능 프로그램 등도 포함된다.

론칭과 함께 바이어컴CBS의 TV프로그램뿐만 아니라 파라마운트, 미라맥스(Miramax) 등의 영화 2,500여 편도 함께 제공한다. 특히, 파라마운트가 제작하는 모든 영화는 극장 개봉이 끝난 뒤 파라마운트+에 공개된다. 2021년 공개되는 영화에는 올해 최대 기대작 〈미션 임파서블 7(Mission: Impossible 7)〉과 〈콰이어트 플레이스 2(A Quiet Place Part Ⅱ)〉도 포함되어 있다.

바키쉬 CEO는 "간단히 말하겠다. 당신이 영화를 좋아한다면, 파라마운트+ 없이 생활하기 힘들 것."이라고 제공 콘텐츠에 자신감을 드러냈다.

파라마운트 스튜디오, 스트리밍을 위한 허브로 육성

바이어컴CBS의 극장 개봉 기간 단축은 다른 스튜디오들의 움직임과 같다. 바이어컴CBS에 앞서 디즈니와 NBC유니버설, 워너미디어도 유사한 결정을 했다. 코로나바이러스 대유행으로 극장이 폐쇄된 상황에서 영화 개봉 수익을 어느 정도 지키고 새롭게 시작한 스트리밍 서비스도 띄우려는 전략이다. 그러나 바이어컴 CBS는 워너미디어처럼 과감하지는 않았다. 워너미디어는 올해 개봉하는 모든 영화를 극장과 스트리밍 서비스 HBO맥스에 동시에 공개하기로 했다. 바키쉬 CEO는 "바이어컴CBS는 2021년 파라마운트+에 36개의 오리지널 TV 시리즈를 공개하기로 했다. 향후 2년 안에는 50개 오리지널 작품이 파라마운트+에 소개될 것"이라고 강조했다.

바이어컴CBS는 파라마운트 스튜디오를 파라마운트+를 위한 허브로 키울 계획이다. 스트리밍 서비스에 안정적으로 오리지널 콘텐츠를 공급하기 위해서이다. 지난 2월 24일 바이어컴CBS는 투자자들에게 이미 3,000만 명의 가입자가 이용하고 있다고 밝혔다. 3,000만 명에는 CBS 올 액세스와 쇼타임(Showtime)의 가입자가 포함되어 있다.

파라마운트+, 디즈니+에서 교훈을 얻어라

바이어컴CBS는 파라마운트+에 서비스할 스핀오프(Spin off) 시리즈와 과거 유명 작품의 리부트(Reboot) 시리즈도 대거 공개했다. 〈프레이저(Frasier)〉, 〈옐로스톤 (Yellowstone)〉, 〈아바타(Avatar: The Last Airbender)〉, 〈러그래츠(Rugrats)〉, 〈스폰지밥(SpongeBob Square Pants)〉, 〈스타트랙(Star Trek)〉 등이다. 이를 보면 파라마

운트는 익숙한 작품으로 외연을 확장하는 디즈니의 전략을 그대로 따르는 것으로 보인다. 디즈니도 디즈니+ 론칭 당시에 인기 작품인 〈스타워즈〉와 마블 코믹스 작품들을 대거 포진시켰다.

라이브 뉴스와 스포츠도 파라마운트+의 장점이다. CBS 엔터테인먼트 그룹 CEO 조지 칙스(George Cheeks)는 NFL 등 CBS가 보유한 스포츠 중계권과 CBSN 같은 디지털 뉴스 콘텐츠를 소개하기도 했다.

이 중 바이어컴CBS는 CBS의 유명 탐사 보도 프로그램 〈60 Minutes〉을 파라마운트+ 버전의 〈60 Minutes+〉로 만든다는 계획도 밝혔다. 〈60 Minutes+〉는 20분 정도로 서비스되는데, 이를 위해 진행자를 중심으로 4개 팀이 돌아간다. 각 팀은 취재기자, 작가를 포함해 12명 정도로 구성되어 있다.

CBS가 젊은 층에 어필하려는 이유는 CBS 올 액세스 이용자 중 20% 가까이가 30대 이하인 Z세대이거나 밀레니얼 세대이기 때문이다. 2020년 12월 유고브(YouGov)가 조사한 바에 따르면 스트리밍 서비스 CBS 올 액세스 이용자의 11%가 Z세대였으며, 8%는 밀레니얼 세대였다. 경쟁사인 HBO보다는 다소 높은 연령대지만 TV 시청자에 비하면 상당히 젊은 구성이다. 회사의 미래를 위해서는 이들 세대를 잘 관리해야 한다.

한편, CBS에서 매주 일요일 방송하는 〈60 Minutes〉는 CBS 뉴스 프로그램 중 가장 성공한 프로그램이다. 최근에는 고민이 많다. 닐슨에 따르면 주 시청자가 65세 이상 고령층으로 나왔기 때문이다. 그래서 CBS는 스트리밍 버전에서는 젊고 다양한 오디언스가 볼 수 있도록 주제를 넓히겠다는 생각이다. 그러나 차별성을 위해 스트리밍 버전은 TV에서 방송하지 않는다.

한국 콘텐츠의 힘,
동남아 시장 40%는 한국 드라마

최근 넷플릭스는 올해 한국 콘텐츠에 5억 달러를 투자하겠다고 깜짝 발표했다. 넷플릭스가 왜 이렇게 많은 금액을 한국에 쏟아붓는지가 숫자로 확인된다. 분석 회사 미디어 파트너스 아시아(MPA)는 한국 방송 영화 콘텐츠가 인도네시아, 필리핀, 싱가포르, 태국 등 아시아 국가에서 미국에서 제작된 프로그램보다 인기가 높았다고 밝혔다. MPA의 조사에 따르면 동남아시아 지역에서 온라인 비디오 플랫폼을 통해 소비되는 콘텐츠 비중을 국적 별로 보면, 한국(34%), 미국 등 북미(30%), 로컬(12%)이었다.

이와 관련 MPA의 애널리스트 디비야 T(Dhivya T)는 "2020년 넷플릭스와 Viu(홍콩 기반 스트리밍 서비스)를 통해 한국 드라마들이 꾸준히 소개되면서, K드라마가 이 지역에서 온라인 엔터테인먼트의 메인스트림이 됐다."라고 분석했다. 특히, 싱가포르와 인도네시아에선 온라인 콘텐츠 스트리밍 시간의 38%를 차지했다.

물론 미국 콘텐츠도 넷플릭스를 통해 동남아시아 시장에 흘러가면서 여전히 넓고 강력한 문화적 흐름을 형성하고 있었다. 특히, 인도, 인도네시아 시장에서 스트리밍 서비스 디즈니+핫스타의 성장은 미국 콘텐츠의 소비 트렌드를 폭발시킨 것으로 조사됐다. MPA는 2021년 1분기 디즈니+가 싱가포르에 상륙한 만큼, 이 지역에서도 미국 콘텐츠의 강세가 이어질 것으로 내다봤다.

MPA는 "인도네시아와 태국 시장에서 Vidio와 라인TVF가 제공하는 로컬 콘텐츠의 강력한 수요도 있다."라고 분석했다. Vidio는 인도네시아 미디어 그룹 Surya Citra Media가 소유한 현지 스트리밍 서비스다. 라인TV는 한국 기업 네이버가 운영 중이다. 이 두 플랫폼 모두 현지 방송 드라마 및 오리지널 콘텐츠를 편성하고 있다.

MPA는 이 분석을 바탕으로 2021년 이 지역에서 더 많은 플랫폼이 로컬 콘텐츠에 대한 투자를 이어갈 것으로 전망했다. 투자 대비 효과가 높기 때문이다. 이에 반해 한국 콘텐츠 프로그램은 다소 고가여서 프로그램 수급비용이 많이 들 것이라는 예측이다. 결국, 한국 콘텐츠의 인기가 높아짐에 따라 비용도 함께 상승하고 있어 동남아시아가 소화할 수 있는 수준을 넘어서는 한계점에 왔다는 것이다. 이를 뛰어넘어 대세가 되려면 넷플릭스나 Viu가 아닌 국내 스트리밍 서비스가 현지에 진출해 넷플릭스나 디즈니+처럼 규모의 경제를 이뤄야 할 것으로 보인다.

한국 콘텐츠

한국 콘텐츠는 싱가포르, 인도네시아, 태국에서 대세였다. 2020년 한국 방송 프로그램과 영화 소비가 미국 제작 콘텐츠보다 많았다. 온라인 비디오 스트리밍 시간은 전체의 34%였다. 싱가포르와 인도네시아에서 한국 콘텐츠에 대한 수요는 가장 강력했다. 총 소비 시간의 38%를 기록했다. 넷플릭스와 Viu는 이 지역에서 한국 콘텐츠 유통과 소비의 최전선에 있었다. 무료 스트리밍 서비스 WeTV와 iQIYI는 한국 콘텐츠 소비의 롱테일을 잡고 있다. 이 지역에서 한국 콘텐츠는 넷플릭스로 들어와서 WeTV로 나간다.

미국 콘텐츠

미국 영화와 TV 시리즈는 동남아시아에서 전체 온라인 스트리밍 시간의 30%를 차지했다. MPA에 따르면 대부분은 넷플릭스가 이 트렌드를 이끌었다. 미국 콘텐츠는 필리핀에서 특히 인기가 높았다. 전체 스트리밍 시간의 38%를 차지했다. 반면 인도네시아에서는 미국 콘텐츠 소비가 22% 불과했다. 이 시장은 디즈니+핫스타가 장악하고 있다. 한국 콘텐츠의 기세에 눌리고 있다.

로컬 콘텐츠

최근 동남아시아에서 로컬 콘텐츠 점유율이 높아지고 있다. 인도네시아(18%), 태국(38%)에서 특히 강세다. 이 국가들은 Vidio와 라인TV가 상대적으로 강한 지역이다. Vidio의 실시간 콘텐츠와 오리지널, 라인TV의 로맨틱 드라마와 오리지널 시리즈가 특히 인기다. 태국의 경우, Viu는 태국 드라마가 AVOD 소비의 핵심이다. WeTV는 인도네시아와 태국에서 로컬 콘텐츠로 인기를 끌고 있다. 특히, 디즈니+핫스타의 편성은 현지 영화들이 엄청난 소비량을 기록하면서 수치를 끌어올렸다.

일본 애니메이션

동남아시아 지역에서 일본 애니메이션은 여전히 인기가 높다. 전체 스트리밍 시간의 9%를 차지했다. 대부분 넷플릭스를 통해 공급된 작품들이다. 오랫동안 소비되는 롱테일 작품들인데 이번에 중요도가 확인됐다.

중국 콘텐츠

중국계 스트리밍 서비스 WeTV와 iQIYI의 성장이 중국 콘텐츠 소비를 이끌었다. 중국 콘텐츠는 태국(10%)과 싱가포르(8%) 등에서 인기가 많았다. 중국계 거주민이 많은 지역이다. 전체적으로는 4개 동남아시아 시장에서 5%의 스트리밍 시간을 점유했다.

2

뉴스 미디어와
플랫폼

비정상의 2020년, 디지털 오리지널의 소중함을 일깨우다

2020년 초, 우리를 강타한 코로나바이러스는 TV 시청 패턴의 많은 것을 바꿔 놨다. 외출이 금지된 많은 이들이 TV 앞으로 모였다. 미국 가정에선 불확실성 속 코로나바이러스 관련 뉴스를 함께 보는 것이 일상이 됐다. 그래서 코로나바이러스 대유행 초기에는 TV 시청률이 연일 기록을 세우기도 했다. 그렇다면 2020년 한 해 전체 상황은 어땠을까? TV 시청이 늘었지만, TV를 떠나 스트리밍 서비스로 이동하는 코드 커팅(Cord-Cutting)도 함께 이뤄졌기 때문에 순수 TV 시청량의 변화에 많은 관심이 집중됐다. 시장 조사 기관인 E마케터는 TV 시청량과 이용 시간이 동시에 늘었을 것으로 예측했지만 이는 절반만 맞았다.

TV 시청률 줄고, 시청 시간은 늘고

E마케터의 조사 결과를 먼저 말하자면, TV를 시청한 미국 성인이 2,000만 명 가까이 줄어 2억420만 명에서 멈춰섰다. 그러나 TV 시청 시간은 늘었다. TV를 시청한 미국 성인이 2020년 하루 평균 TV를 보는 데 쓴 시간은 9.2% 증가해 4시간 31분이었다. 집에 있는 시간이 늘어나면서 2012년 이후 TV 시청 시간이 처음으로 증가했는데, 미국에 거주하는 전체 성인을 기준으로 하면 하루 TV 시청 시간은 3시간 27분에서 3시간 34분으로 늘었다. 2019~2020년 증가율은 3.2%였다.

CBSN의 오리지널 프로그램 〈CBSN 오리지널〉

그러나 백신이 공급되고 모두의 일상이 정상으로 돌아올 것으로 보이는 2021 년 하반기에는 TV 시청 시간이 점점 줄어들 것으로 전망된다. 미국이 점점 코로나바이러스의 악몽에서 벗어나고, 대선 등 전국적 이벤트가 당분간 없는 상황이기 때문에 집에서 TV를 보는 시간도 줄어들 것이다. 올해는 2020년의 성과를 달성하지 못할 수 있다. 다시 말해 시청 시간 하락도 불가피하다.

실시간 스포츠 중계의 회복이 어느 정도 하락 속도를 줄여주겠지만, 스트리밍 서비스의 확장은 TV 시청률을 살리는 스포츠의 마법을 약화할 것이다. 이와 관련 E마케터는 2021년 TV 시청률이 전년 대비 2.4% 떨어질 것으로 예상했다. 시청자 수도 2억 명 이하(성인 기준)로 떨어진 1억9,920만 명이 될 것으로 전망했다.

디지털 오리지널의 중요성, 아무리 강조해도 지나치지 않다

E마케터 자료에 따르면, 2013~2019년 사이 TV와 디지털 비디오의 시청을 합친 미국 성인의 통합 시청량(Combined time spent with TV and digital video)은 안정적이었다. 2013년부터 2019년까지 두 플랫폼 총 소비 시간은 매년 5시간 13

분에서 5시간 17분까지 정도였다. TV에서 이탈한 고객들이 디지털 비디오(VOD, OTT) 등으로 TV콘텐츠를 봤다는 것을 의미한다. 지금까지의 이야기는 TV의 영역 내에 있는 디지털의 이야기였다. 그러나 스트리밍 서비스의 인기 상승은 이런 카르텔을 더이상 작동할 수 없도록 무력화시켰다. 시청자들은 디지털 방식으로 콘텐츠를 보지만 더이상 TV콘텐츠는 아니다. 특히, 코로나바이러스 대유행이 이 경향을 더욱 가속화 했다.

2020년의 경우, TV와 디지털 통합 시청률은 5시간 47분이었다. TV 시청은 4분 늘어난 반면, 디지털 비디오는 17분이나 시청 시간이 증가했다. 이는 TV 콘텐츠 이외에 다른 프로그램이나 콘텐츠를 디지털(스마트TV, PC, 스마트폰, OTT) 플랫폼으로 봤다는 것을 의미한다.

그렇다면 오리지널 프로그램 없이 디지털이 존재할 수 있을까? 전망은 어둡다. 디지털 플랫폼으로 TV 재방송을 계속 보라는 의미인데, 시청자들은 더이상 동의하지 않는다. 디지털은 디지털의 문법이 있다. 물론 TV는 여전히 의미가 있고 디지털은 성장할 것이다. 디지털에는 확장이 아닌 새로운 가치를 부여해야 한다.

바이든,
제시카 로젠워셀 FCC 위원장 대행 임명

조 바이든 대통령이 제시카 로젠워셀(Jessica Rosenworcel) 현 FCC 위원을 미국 연방통신위원장 대행에 임명했다. 2021년에 49세가 된 그녀는 변호사이자 코네티컷 웨스트 하포드(West Hartford)에서 팟캐스트(Broadband conversation)를 진행하는 진행자다. 그녀는 96년 FCC 역사상 두 번째 여성 위원이다. 그녀에 앞서 지난 2013년 미뇽 클라이번(Mignon Clyburn)이 6개월간 임시 의장을 한 적 있다.

로젠워셀 FCC 위원장 대행

저소득층 인터넷 보급에 앞장서

로젠워셀은 FCC 위원으로 근무하던 2014년 당시, 집에서 인터넷을 사용할 수 없는 저소득층과 숙제를 위해 인터넷이 필요한 학생들을 위한 사업을 했다. 이때 그녀는 숙제 격차(the homework gap)라는 용어를 만들기도 했다. 로젠워셀은 또 산부인과에서 멀리 떨어져 사는 여성들이 좀 더 쉽게 진료를 받을 수 있도록 산모 사망률이 높고 인터넷 접속이 어려운 시골 지역의 인터넷 보급을 위해 노력했다.

이와 함께 기술 분야에서 여성의 지위를 높이기 위해 FCC 위원이라는 그녀의 플랫폼을 이용했다. 미국 규제 기관 위원으로는 처음으로 개인 팟캐스트를 론칭해 기술과 여성 등을 주제로 이야기했다.

그녀의 팟캐스트 '브로드밴드 컨버세이션(Broadband Conversations)'은 오직 여성만을 인터뷰한다. 최근에는 코로나바이러스 대유행 당시 온라인으로 수업을 진행한 학교 관계자들을 패널로 참석시켜 현장 목소리를 들었다. 인터뷰에서 캘리포니아 실리콘밸리 지역 하원 의원인 아나 에슈(Anna Eshoo)는 "코로나바이러스 대유행으로 우리 삶에서 온라인이나 인터넷 화상 채팅을 빼놓을 수 없게 됐다. 그녀는 이 나라에서 이런 작업이 어떻게 진행되고 있으며, 무엇이 문제인지 알고 있다."라고 말했다.

20년 경력의 FCC 베테랑

로젠워셀이 FCC에 처음 등장한 시점은 20년도 더 된 1998년이다. 이후 2007년 하원 보좌관, 상원 과학·교통 위원회 선임 통신 자문위원으로 임명됐다. 2012년에는 다시 FCC로 복귀해 버락 오바마(Barack Obama) 시절 FCC 위원으로 위촉됐고, 2017년 도널드 트럼프 대통령 당시, 아짓 파이(Ajit Pai) 위원장이 이끌던 FCC에서 재선됐다. 그 당시 FCC는 아짓 파이의 주도하에 역사적인 판결인 망 중립성(network neutrality)을 없앴다.

그녀가 위원회를 맡음에 따라 망 중립성이 다시 화두가 될 가능성이 크다. 망 중립성은 인터넷 서비스 사업자들이 대용량 웹사이트에 요금을 부과하는 것을 금지하는 조항이다. 오바마 행정부 당시, 톰 휠러(Tom Wheeler)가 위원장일 때,

로젠워셀은 그에게 더 공격적인 망 중립성 법안(network neutrality rules)을 만들라고 몰아붙였는데, 결국 네트워크 중립성 보호 법안이 2015년에 통과됐다. 이 판결은 2017년 트럼프 정부 당시 아짓 파이에 의해 뒤집혔다. 그 당시 로젠워셀 위원은 항의성 댓글 운동을 주도했다. 당시 망 중립성 폐지를 반대하는 사람들이 2,200만 개 넘는 인터넷 댓글을 달았다.

산모 사망률 개선 지원

지금까지 기술 정책은 임신 여성의 건강 문제를 전혀 고려하지 않았다. 그러나 로젠워셀은 병원이 없는 시골 지역에 거주하는 산모들의 원격진료를 위해 여러 곳을 돌아다니며 의사를 면담했다. 원격진료를 위해 통신망 등 기술적 이슈가 가장 중요하기 때문이다.

지난 2019년 로젠워셀은 아칸소주 리틀락을 방문해 여성 의료 서비스 관련자들도 직접 만났다. 산부인과 등이 없어서 몇 시간씩 떨어져 사는 여성들을 진료해주는 의사들이다. 현장을 직접 방문해 문제점을 밝힌 뒤 FCC가 할 수 있는 부분을 개선했다. 시골에 사는 여성들을 원격으로 의료 전문가와 연결하는 프로젝트다. 이를 위해서는 안정적인 인터넷망이 필수다. 그녀가 이 문제를 제기한 이후 의회에선 상원과 하원에 관련 법안을 발의했다. 미국 시골 지역의 높은 산모 사망률을 개선하기 위해 원격진료를 이용하는 것이다.

이런 이유로 일각에선 로젠워셀의 FCC가 이전 위원회와 전혀 다를 것으로 예상한다. 일단 망 중립성과 관련해 정책을 다시 도입할 가능성이 크다. 이와 함께 학교와 지역 간 정보 격차 해소를 위해 인터넷망이나 통신 서비스 등을 정비하고 이와 관련한 법안과 정책도 도입할 것으로 예상된다. 그리고 사회 안전망을 중요시하는 만큼 이에 대한 정책도 펼칠 것으로 보인다.

뉴욕타임스,
구독 퍼스트 미디어로 변신

뉴욕타임스가 2020년 또 한 번 기록을 세웠다. 코로나바이러스 대유행과 미국 대선을 거치면서 디지털 구독자가 급격히 늘어난 것이다. 뉴욕타임스는 2020년 4분기 실적 발표에서 2020년 한 해 동안 디지털 구독자가 230만 명 증가했다고 밝혔다. 이에 뉴욕타임스 전체 구독자(디지털+지면)는 750만 명으로 사상 최대를 달성했다.

2020년 뉴스 부문 디지털 구독자 170만 명 증가

뉴욕타임스의 성과는 코로나바이러스와 미국 대선이 만들었다. 2020년 4월 이후 코로나바이러스 대유행이 시작되면서 많은 미국인들이 집에서 근무하면서 감염병 관련 최신 뉴스를 뉴욕타임스를 통해 찾아봤다.

2020년 4분기 뉴욕타임스는 66만9,000명의 디지털 구독자를 모았다. 1년 전과 비교하면 52%가 늘었다. 이 중 뉴스 부문 증가는 42만5,000명이다. 이로 인해 2020년 한해 뉴스 부문 전체 구독자 증가(디지털+지면)는 230만 명으로 전체 구독자는 750만 명을 돌파했다. 뉴욕타임스의 총 구독자 비중을 정리하면 다음과 같다. 디지털 뉴스 구독 509만, 쿠킹 등 일반 구독 160만 명, 지면 구독 83만3,000명(2.7% 감소)이다.

뉴욕타임스는 2020년 두 가지 의미 있는 성과를 달성했다. 디지털 매출이 지면 매출을 처음으로 넘어섰고, 디지털 구독 매출의 성장 속도가 가장 빠르고 컸다. 이에 대해 메러디스 코피트 레비엔(Meredith Kopit Levien) 뉴욕타임스 CEO는 "우리는 2가지 기록을 세웠다. 한 해 최고 구독자 증가, 세기의 마지막 해에 디지털 퍼스트, 구독 퍼스트 회사로 변신했다."라고 언급했다.

뉴욕타임스의 디지털 상품은 크게 두 가지다. 뉴스, 크로스워드와 쿠킹이 그것이다. 이 중 핵심 상품인 뉴스 상품은 2020년 한 해 170만 명의 디지털 구독자를 확보했는데, 2019년에 비하면 48% 성장했다. 디지털 뉴스 상품의 509만 명은 다른 어떤 매체도 달성하지 못한 수치다. 쿠킹과 게임 애플리케이션 등 일반 디지털 부문은 2020년 한 해 60만 명의 구독자가 늘었다. 1년 사이 66% 증가한 수치인데, 2020년 말 현재 이 부문 전체 구독자는 160만 명이다. 성장 속도로만 보면 뉴스를 앞선다.

구독자 증가는 매출로 이어진다. 2020년 4분기 매출의 경우, 디지털 구독 매출은 1억 6,700만 달러에 달했다. 2019년 마지막 분기보다 37%가 껑충 뛴 성적이다. 2020년 한 해 전체 디지털 구독 매출은 전년 대비 30% 오른 5억 9,830만 달러였다. 지면을 포함해 연간 총 구독 수입은 10% 증가한 11억 9,500만 달러였다. 광고 수입을 제외한 수치에서 이미 한국 KBS 매출(2019년 기준, 1조 3,456억 원)을 넘어섰다.

광고 매출은 계속 줄고 있다. 특히, 코로나바이러스 대유행으로 인해 기업들이 마케팅과 홍보 예산을 줄이면서 광고 부문은 더 어려워지고 있다. 뉴욕타임스의 총 광고 매출은 2020년 26% 줄어 3억 9,240만 달러였다. 이 중 지면 광고 매출(print ad revenue)은 1년 사이 39% 감소했다. 결과는 4,910만 달러. 지면 광고는 코로나바이러스 대유행 이후 급락하고 있다. 지면 광고의 침체로 전체 광고도 18.3% 떨어졌다.

결과적으로 디지털 구독, 일반 구독, 디지털 광고, 지면 광고, 기타 사업 등을 포함한 2020년 뉴욕타임스 연간매출액은 약 17억 8,390만 달러다. 순이익은 10억 달러 수준이다.

광고의 희망은 디지털 부문, 전체의 65% 차지

뉴욕타임스 매출에서 광고 영향력이 점점 줄고 있지만 그나마 상황이 괜찮은 부문은 '디지털 광고'다. 2020년 4분기 디지털 광고 매출(Digital Ad Revenue)은 1년 전보다 2.3% 떨어져 9,010만 달러를 기록했다. 다소 줄었지만 관리 가능한 상황이다. 게다가 디지털 상품 매출이 늘어남에 따라 어쨌든 디지털 광고의 중요도가 매우 높아졌다. 뉴욕타임스는 지난 2020년 4분기, 전체 광고 매출의 65%를 디지털 부문에서 올렸다고 밝혔다. 1년 전 54%에서 10% 넘게 상승한 수치다. 앞으로 이 수치는 더 올라갈 가능성이 있다.

뉴욕타임스의 4분기 전체 매출은 5억940만 달러였다. 2019년에 비해 0.2% 상승했다. 코로나바이러스 대유행으로 광고 매출이 좋지 않았던 점을 고려하면 선방한 성적이다. 4분기 조정 영업이익(Adjusted operating profit)은 전년 대비 1.4% 오른 9,770만 달러를 기록했다. 2020년 연간 매출은 17억8,390만 달러 정도다. 지난 2019년에 비하면 1.9% 늘었다. 디지털 구독과 광고의 영업 호조 덕분이다. 불확실성이 가득한 상황에서 올린 뉴욕타임스의 디지털 부문 성과는 목표인 2025년 1,000만 명 디지털 구독자 확보에 밝은 전망을 가능하게 하고 있다. 이와 관련 뉴욕타임스는 2020년 10년 만에 처음으로 디지털 구독료를 인상하는 등 완전한 디지털 시대에 대비하고 있다. 레비앙 뉴욕타임스 CEO는 "수십억 명의 사람들이 디지털 뉴스를 보고 있고 영어권 뉴스 시장은 1억 명 정도다. 뉴욕타임스 디지털 가입자가 더 확대되리라는 점을 의심할 필요가 없다."라고 설명했다.

이번 보고서에서 뉴욕타임스는 올해 1분기 총 구독 매출이 2020년 1분기보다 15% 증가하고 디지털 구독 수익은 35~40% 늘어날 것으로 전망했다. 완전한 디지털 회사로 변신하고 있는 셈이다. 자신감으로 주주들에 대한 보상도 강화했다.

치열한 경쟁으로 승자의 저주에 빠질 가능성도

뉴욕타임스는 코로나바이러스 대유행으로 큰 어려움을 겪었던 미국 소규모 언론사에게는 동경의 대상이 될 수 있다. 그러나 전망은 어떨까? 이 부분에서 우려가 있다. 뉴욕타임스도 구독자를 확보하기 위해 할인 등 프로모션을 많이 하고 있다.

이런 구독료 할인은 구독자 증가를 가져다주겠지만 각 디지털 구독자가 벌어들이는 금액의 평균 매출 하락은 불가피하다.

2020년 4분기 디지털 구독자로부터 벌어들인 개별 수익은 29.65달러다. 가입자 한 명 당 3개월 동안 33,300원을 벌어들였다는 것이다. 천하의 뉴욕타임스로선 적은 금액이다. 객단가는 1년 전 32.76달러, 2017년 41.11달러에서 급락했다. 지난 2017년 4분기와 2020년 4분기 사이 디지털 구독자 수는 128% 증가했다. 그러나 디지털 뉴스 구독 매출은 64.5% 정도 증가했다. 구독자 증가 속도를 매출이 따라오지 못한 것이다. 이런 상태가 계속될 경우 관리 비용이 증가해 수익을 남기기 어렵다. 2억 명의 구독자를 확보한 넷플릭스는 별도로 할인 프로모션을 하지 않는다.

독자가 할인을 좋아하는 것은 당연하다. 뉴욕타임스도 1년 구독할 경우 상당 수준의 할인을 제공한다. 할인 가격에 익숙해진 독자들은 다시 가격을 원상 복구할 경우 저항할 확률이 높다. 그러나 뉴욕타임스가 이번에 디지털 구독 가격을 인상한 것을 보면 미래를 희망적으로 보는 것 같다.

CEO인 레비앙의 전망에 따르면 뉴욕타임스는 1억 명의 디지털 영어 뉴스 시장에서 7.5%(750만 명)만을 점유하고 있다. 따라서 앞으로 최소 3~4배가량 가입자가 늘 수도 있다. 하지만 수익 증대는 다른 문제다. 승자의 저주에 빠질 수도 있는 대목이다. 뉴욕타임스가 이런 위협에서 벗어나는 방법은 두 가지다. 넷플릭스처럼 엄청나게 많은 가입자를 확보하거나, 서비스 가격을 올리거나. 레비앙 CEO의 말을 종합해 보면 일단 가입자 확대에 나선 듯하다.

그렇다면 한국은 어떨까? 물론 한국의 상황을 뉴욕타임스와 비교할 수는 없다. 디지털 유료 구독자를 거의 확보하지 못한 상황이기 때문이다. 신문은 물론이고 방송도 광고 매출 이외에 (적어도 보도 부문에선) 다른 매출은 없다. 그래서 일단 우리는 승자의 저주를 걱정하기보다 승자가 되어야 한다. 디지털 가입자 및 구독자를 먼저 확보해야 한다는 이야기다.

이런 관점에서 뉴욕타임스가 디지털 뉴스 이용과 관련하여 영어권 매체의 7.5%만 점유하고 있다는 점에 착안해야 한다. 시장이 작다고 불평할 필요는 없다. 이 지역에서 유료 구독자를 많이 확보하면 된다. 유료 구독자를 모으기 위해서는 기존 뉴스 서비스로는 힘들다. 결국, 유료 단독 뉴스 서비스 혹은 스트리밍 서비스가 필요하다는 이야기다. 또 하나, 단일 플랫폼으로 생존하기 어려울 수 있는 만큼 유료 콘텐츠 유통 플랫폼(쿠팡, 네이버, 웨이브, 왓챠 등)에 적극적으로 진출할 필요가 있다.

온라인 교육 시장에 뛰어든 인플루언서들

코로나바이러스 대유행이 시작된 2020년 봄. 인플루언서 산업도 큰 혼란에 빠졌다. 각종 이벤트가 취소되고, 기업들의 홍보 예산도 대폭 줄었다. 개별 인플루언서들도 타격을 입은 건 당연하다. 그러나 일부 인플루언서들은 어떻게 하면 집에서 돈을 벌 수 있는지 연구했다.

물론 이에 대한 답은 다양했다. 집에 갇혀 있는 팔로워들을 대신해 체험에 나서기도 하고 온라인 쇼핑몰 혹은 오프라인 마케팅을 기업들과 함께 기획하기도 했다. 오프라인 대면 모임이 줌 미팅(Zoom Meeting)으로 대체된 이 시기에 인플루언서들에게 온라인 강의와 웨비나((Webinars)가 분명한 대안이 되고 있다. 인플루언서 매니지먼트 회사 네온 로즈(Neon Rose)의 창업주 에린 커틀러(Erin Cutler)는 비즈니스 인사이더와의 인터뷰에서 "상황이 바뀌자 인플루언서들은 인스타그램 등 온라인 소셜 미디어 서비스에서 행사(교육)를 여는 방법을 찾았다."라고 설명했다.

행사 중 하나는 교육 코스다. 일례로 커틀러는 '인플루언서의 비밀(The Influencer Secrets)'이라는 디지털 코스를 21만 6,000여 명의 팔로워를 가진 인플루언서 소피 자피(Sophie Jaffee)와 함께 열었다.

인플루언서를 기획하고 발굴하는 본인의 전공을 살려 팔로워를 어떻게 관리하고 성공한 인플루언서가 되기 위해선 콘텐츠나 사이트를 어떻게 만들어가야 하는지를 알려주는 일종의 '인플루언서 온라인 학교'를 개최한 것이다. 강의는 씽키픽(Thinkific)이라는 온라인 스트리밍 회의 및 교육 플랫폼에서 진행됐다. 줌을 통한 회의와 달리, 씽키픽과 같은 교육 플랫폼은 교육이 간단하고 결제 시스템도 갖추고 있어 유료 세미나를 열 수도 있다.

온라인 교육, 인플루언서 비즈니스 모델로 각광

미국에선 코로나바이러스 대유행 이후 인플루언서들이 온라인 교육 시장에 뛰어들고 있다. 자신들의 계정 운영 노하우부터 쿠킹, 운동, 교육 등 분야별 교육 강좌도 개최하고 있다. 다시 말해 피트니스 인플루언서들은 집에서 운동하는 법을 가르치고, 음식 블로거들은 요리 수업을 주최하며, 플랜트(Plant) 인플루언서들은 그들의 팔로워들에게 집에서 정원 가꾸는 법을 알려준다.

코로나바이러스 대유행이 인플루언서들에게 온라인 교육 시장으로의 진출을 시도하게 한 것인데 비즈니스 모델로도 괜찮다. 광고 모델이나 협찬처럼 외부 지원에 의존하지 않아도 된다는 매력이 있다. 그리고 강의 시스템을 한번 잘 만들어 놓으면 지속적인 매출이 일어날 수 있다. 인플루언서들의 온라인 강의는 예전에도 있었지만, 지금은 상황이 조금 다르다. 과거에는 상당수가 오프라인 행사이거나 종류도 그리 다양하지 못했다.

꽃이나 식물 기르는 방법을 소개하는 플랜트 인플루언서(Plant influencer) 대릴 쳉(Darryl Cheng)은 2020년 말 현재 6만 명의 인스타그램 팔로워와 31만 명이 넘은 유튜브 구독자를 보유하고 있다. 대릴 쳉은 플랜트 전문 인플루언서인데 2020년 여름, 하우스 플랜트 핵심 강의 서비스를 론칭했다. 집에서 작물을 기르는 노하우, 관리법 등을 소개하는 유료 온라인 강좌다. 유료 강의를 처음 시작할 때는 걱정이 있었다. 그래서 강의 후 팔로워들에게 만족도를 질문했는데 생각보다 반응이 좋았다. 실질적인 관리 노하우와 평소에 몰랐던 부분을 한 번에 질문할 수 있는 계기가 됐다는 답이 많았다. 그래서 온라인 강의가 팔로워들에게도 도움이 되고 자신도 전문지식으로 돈을 버는 방법이라는 것을 알았다. 이와 동시에 팔로워를 늘려주는 효과도 있었다. 실시간으로 반응이 오는 소셜 미디어 서비스의 특성에 맞추어 강의 방식도 차별화할 수 있었다. 어떤 팔로워들은 빠른 조언을 원하지만, 특정 작물에 대해 집중 교육을 원하는 구독자들도 있었다. 그 반응이나 수준에 맞춰 새로운 수업을 진행하면 된다. 그 이후 온라인 강의 플랫폼으로 매달 2,000달러를 받고 수업을 개최하고 있다.

온라인 교육 플랫폼도 활황세

인플루언서들의 교육 사업을 지원하기 위한 플랫폼도 많다. 대부분은 온라인 교육과 관련한 기본적인 서비스를 제공하고 수업료의 일정 수준을 수수료로 가져가는 구조다. 교육 지원 서비스의 장점은 크리에이터들이 수업 이외 다른 부분(과금, 수강생 관리 등)을 신경 쓸 필요가 없다는 점이다. 특히, 수업 이후 VOD 형태로 계속 온라인 강의를 제공하는 곳도 많아 롱테일로 추가 수입을 올리는 기회도 있다.

온라인 강의 개설과 판매를 지원하는 플랫폼인 카자비(Kajabi)는 크리에이터들이 지난 2020년에만 온라인 강의로 15억 달러 이상을 벌어들였다고 밝혔다. 이 회사 CEO인 케니 류터(Kenny Rueter)는 언론 인터뷰에서 "2020년 온라인 강의가 급증했다. 매년 10억 명 이상이 유·무료 강의를 듣고 있다."라고 말하기도 했다.

코로나바이러스 대유행 이후 각종 야외 시설이 폐쇄되고 야외 활동이 제한되면서 인플루언서들 사이에 몇 가지 새로운 트렌드가 나타나고 있다. 경제 전문지 비즈니스 인사이더는 홈 피트니스(home fitness), 소프트웨어 활용(software fluency), 자기 계발 코스(personal development courses)가 최근 뜨고 있는 대표적인 영역이라고 보도했다. 경쟁도 치열해지지만, 팔로워들이 다양한 크리에이터의 콘텐츠를 구독하는 만큼 아직은 제로 섬 게임(Zero sum Game)은 아니라고 지적했다.

비즈니스 인사이더,
프로그램 광고로 비상하다

코로나바이러스 대유행 속 미국 미디어들은 큰 어려움을 겪고 있다. 특히, 광고가 주된 수익원인 지역 신문이나 온라인 미디어들은 큰 폭의 매출 하락을 경험하기도 했다. 그 때문에 한때 혁신의 대명사로 불렸던 뉴미디어들도 수십에서 수백 명의 기자를 휴직 또는 해고했다. 이런 파고를 넘은 미디어 기업들은 구독 기반 경제를 완성했거나 새로운 비즈니스 모델을 구축한 곳들이다. 새로운 비즈니스 모델을 구축한 곳 중 하나는 바로 비즈니스 인사이더(Business Insider)다. 최근에 인사이더(Insider)로 이름을 바꿨지만, 편의상 비즈니스를 붙여 명명한다.

코로나바이러스 대유행 속에서도 성장

최근 경제 매체 비즈니스 인사이더를 운영하고 있는 인사이더는 2020년 하반기 매출이 전년 대비 30% 늘어 흑자로 전환됐다고 밝혔다. 업계에선 비즈니스 인사이더의 2020년 매출을 1억5,000만 달러 정도로 예상한다. 비즈니스 인사이더는 경제 뉴스와 최근 트렌드, 시사 뉴스 등을 다루는 언론사다. 비즈니스 인사이더의 이 같은 실적 호전은 코로나바이러스 시대에도 구독자 증가와 자동 광고 형태의 매출이 상대적으로 괜찮았기 때문이다.

　이런 실적 호전으로 인사이더는 코로나바이러스 혼란 속에서도 기자 등 인력을 계속 뽑았다. 2020년 인사이더는 200명의 직원을 추가 채용했다. 이 중 130 명은 편집국 인력인데, 이 채용으로 전체 직원이 500명을 돌파했다. 비즈니스 인사이더의 CEO 헨리 블러젯(Henry Blodget)은 월스트리트저널과의 인터뷰에서 "우리가 이 위기를 돌파할 수 있어서 너무 행운이라고 생각한다."라고 말했다.

그가 행운이라고 했지만, 가만히 찾아온 운은 아니다. 2020년 온라인 미디어들은 어려운 시간을 보냈다. 광고 매출이 어느 정도 개선됐지만, 기업들의 영업 활동이 위축되면서 위기를 이겨내기 어려웠다. 버즈피드(Buzzfeed)는 50명 이상을 정리했고 복스미디어(Vox Media)는 72명, 바이스 미디어(Vice Media)는 150명을 떠나 보냈다. 스티브 잡스의 부인인 로렌 파웰 잡스(Laurene Powell Jobs)가 소유한 애틀란틱 미디어(Atlantic Media)도 70명 이상의 기자를 내보냈다. 인수합병 등 생존을 위한 움직임도 활발했다. 버즈피드가 허프포스트를 인수했고, 그룹 나인도 경쟁사 인수를 통해 투자목적회사(SPAC)를 설립한다고 밝혔다. 지난 2019년에는 바이스 미디어가 여성 전문 미디어인 레피너리29(Refinery29)를 인수했다.

전직 증권 애널리스트였던 블러젯은 지난 2007년 비즈니스 인사이더를 론칭했다. 현재 대주주인 악셀 스프링어(Axel Springer)가 이 회사를 인수한 것은 지난 2015년. 인수 금액은 3억9,000만 달러였다. 인수 당시 비즈니스 인사이더는 연매출액이 5,000만 달러 정도였다. 악셀 그룹은 미래 가능성을 보고 이 회사를 사들인 것으로 전해진다.

미래 수익 위해 구독에 올인 예정

현재 비즈니스 인사이더의 주된 매출원은 광고다. 수년 전 미디어들은 컴퓨터에 의해 실시간 광고가 판매되고 배정되는 프로그램 광고(programmatic ads)에서 벗어나 고비용의 직접 판매 광고(direct-sold ads)로 전환하기 시작했다. 그러나 인사이더는 이 흐름을 따르지 않았다. 이 전략은 코로나바이러스 대유행 시작 당시 주효했다. 경기 불황에 가장 합리적인 가격을 찾던 기업들은 고비용의 직접 판매 광고 대신 적절한 가격에 배정되는 프로그램 광고를 구입했다.

이와 함께 2020년 이후 비즈니스 인사이더 구독자가 10만 명 이상으로 늘어나는 등 광고와 함께 구독 매출도 신경 쓰고 있다. 현재 비즈니스 인사이더 구독 비용은 월 12.95달러다. 경제 매체들의 구독 시장은 매우 경쟁이 심하다. 블룸버그의 경우 25만 명 정도의 구독자를 보유하고 있고, 비즈니스 뉴스 스타트업 쿼츠(Quartz)도 25,000명 정도의 구독자가 있다. 물론 이 시장의 리더는 월스트리트저널로 235만 명의 디지털 구독자(2020년 여름 기준)를 보유하고 있다.

구독자 확대를 위해 비즈니스 인사이더도 노력 중이다. 최근에 비즈니스 인사이더가 채용한 기자들은 대부분 유료 콘텐츠 개발에 집중하고 있다. 이를 위해 뉴스룸은 탐사 보도, 기업, 금융, 테크팀을 신설했으며 워싱턴 전담 총국도 만들었다. 니콜라스 카슨(Nicholas Carlson) 인사이더 글로벌 에디터는 "우리는 사람을 신중하고 조심스럽게 선발했다. 그러나 최근엔 커버하는 영역이 늘어나고 있어 급격히 편집국 인력이 증가하고 있다."라고 월스트리트저널 인터뷰에서 밝혔다. 점점 늘어가는 기자들은 온라인 홈페이지에 익숙한 비즈니스 인사이더 뉴스룸 문화를 소셜 미디어 서비스에 최적화된 발 빠른 포스트와 헤드라인을 중심으로 옮겨 놨다.

현재 비즈니스 인사이더의 뉴스룸은 크게 두 부분으로 운영되고 있다. 시사와 일반 뉴스 전담 기자들은 계속해서 회사의 인터넷 트래픽을 올리는 뉴스를 쓰고 있다. 동시에 비즈니스 전담 기자들은 구독자를 확대하기 위한 기사 전략에 집중한다. 예를 들어, 비즈니스 전담 기자들은 임원진 이동 및 기타 내부 기업 발표 보고에 더 많은 리소스를 투입했다. 기업들은 일반 기사보다 경쟁사의 움직임을 알아내는 데 돈을 더 많이 쓴다. 이 가치는 구독자 증가로 이어진다.

컴스코어(Comscore)에 따르면 이런 분산 투자로 2020년 한 해 동안 일반 뉴스 중심 'Insider.com'을 포함한 비즈니스 인사이더 사이트의 전체 트래픽은 한 달 평균 1억1,400만 명의 순수 방문자를 기록했다. 모회사인 악셀 스프링어는 비즈니스 인사이더를 미국 시장 공략을 위한 교두보로 생각하고 있다. 악셀 스프링어는 지난 2019년 독일 사모펀드 KKR이 32억 달러에 지분의 45%를 확보했다. 악셀 스프링어의 뉴스 부분 대표 얀 바이어(Jan Bayer)는 최근 월스트리트저널과의 인터뷰에서 "인사이더는 우리의 미국 투자 핵심"이라며 "우리는 더 큰 브랜드로 성장하기 위한 많은 기회를 보고 있다."라고 말했다.

한편, 비즈니스 인사이더는 미래 저널리즘에도 투자하고 있다. 2020년 10월 비즈니스 인사이더는 경제 관련 뉴스레터와 팟캐스트를 운영하는 뉴스 스타트업 '모닝 브루(Morning Brew)'의 지분을 7,500만 달러에 인수했다. 이와 관련 카슨 CEO는 "나는 저널리즘이 중요한 비즈니스가 될 수 있다고 생각한다."라고 말했다.

트럼프 이후 시대,
디지털 뉴스의 미래는 스트리밍

미국에선 별다른 노력 없이도 사람들을 뉴스에 모이게 했던 트럼프의 시대가 갔다. 그래서 미국 뉴스 미디어들도 방황하고 있다. 뉴스의 새로운 비즈니스 모델을 고심 중이다. 수년 전부터 모든 미국 미디어 회사들은 구독형 스트리밍 서비스를 론칭했다. 이들 서비스는 뉴스가 아닌 드라마, 예능 등 엔터테인먼트 콘텐츠로 채우고 있다. 뉴스 부문을 가진 대부분 미디어 회사들은 뉴스를 스트리밍에 투입하지 않고 있다.

현재 AT&T가 운영하는 스트리밍 서비스 HBO맥스에는 자사 보도 채널 CNN이 포함되지 않았다. 그러나 컴캐스트가 운영하는 피콕에는 NBC뉴스의 스트리밍 서비스 NBC뉴스 나우(https://www.nbcnews.com/now)가 서비스되고 있다. 피콕은 실시간 방송 채널도 서비스되고 있기 때문이다. 그러나 보도 채널 MSNBC나 CNBC 콘텐츠는 제공되지 않는다.

디즈니는 디즈니+에 ABC뉴스를 포함하지 않는 대신 스트리밍 서비스 훌루에 보도 채널을 송출하고 있다. 사실 훌루에도 코로나바이러스 대유행이 본격화되기 전까지는 ABC뉴스 라이브가 방송되지 않았다. 바이어컴CBS는 보도에 가장 적극적이다. CBS의 모든 로컬 채널 뉴스 및 전국 뉴스 콘텐츠를 라이브 기반으로 모두 서비스한다.

뉴스는 유료 방송 생존을 위한 핵심

뉴스 콘텐츠의 경우, 수십 년 동안 유료 방송 플랫폼에 큰 도움을 줬다. 미국인들에겐 케이블TV 상품에 가입할 때 지역이나 전국 뉴스를 서비스하는지가 매우 중요하다. 다른 예능 채널보다 상대적으로 제작비가 저렴해 공공재로 인식됐고 많은 시간을 채워줬다. ABC, CBS, NBC 등 지상파 방송 채널은 하루에 몇 시간씩 지역과 전국 뉴스를 방송한다. 또 CNN, FOX, MSNBC와 같은 보도 채널들은 24시간 뉴스를 보도한다.

현재 이들 보도 콘텐츠를 가진 방송사들은 방송 송출 대가로 유료 방송 플랫폼에 재 전송료를 받고 광고를 유치해 수십억 달러를 벌어들인다. 그러나 전망은 좋지 않다. 미국 전체 유료 방송 가입자가 5,000만 가구까지 떨어졌기 때문이다. 최근 더 트레이드 데스크(The Trade Desk)의 조사에 따르면 올해 케이블TV 가입자 중 27%가 유료 방송을 중단할 것이라고 밝히기도 했다. 물론 뉴스 미디어들은 당분간 유료 방송 체계 내에서 버틸 가능성이 크다. 뉴스는 여전히 유료 방송 번들 상품 생존을 위한 중요 콘텐츠이기 때문이다. 그러나 상황은 점점 더 악화할 것으로 보인다. 결국, 유료 방송 상품은 뉴스, 스포츠, 이벤트(실시간) 등만 남을 가능성이 크다.

모펫내탄슨(MoffettNathanson)의 애널리스트 마이클 내탄슨(Michael Nathanson)은 최근 고객들에게 쓴 편지에서 "실시간 상품 번들은 스포츠, 뉴스, 이벤트 등을 주로 생중계하는 상품으로 발전할 것"이라고 말하기도 했다. 2021년 뉴스 시장은 강세 속에 시작했다. 트럼프 전 대통령 탄핵 문제, 백신 공급 등 전국적인 이슈들이 많았기 때문이다. 그러나 장기적인 추세는 아무도 모른다.

스트리밍 서비스 시대, 오리지널 뉴스의 중요성

현재 실시간 방송 뉴스를 그대로 스트리밍 서비스에 제공하는 것은 효과적이지 않다. 돈을 내고 보는 스트리밍 서비스에서 일반 TV에서도 볼 수 있는 뉴스를 찾는 구독자는 별로 없을 것이다. 그러나 실시간 시청자를 모으는 힘이 강한 뉴스는 방송에서 매우 중요하다. 라이트쉐드 파트너스(LightShed Partners)의 리치 그린

필드(Rich Greenfield) 미디어 애널리스트는 "(스트리밍 서비스 시대에도) 뉴스 시청자는 크게 늘지 않을 것"이라며 "그러나 뉴스는 사라지지 않을 것이며 지역 뉴스는 여전히 중요하다."라고 NBC뉴스와의 인터뷰를 통해 밝혔다.

실제 최근 미국에선 뉴스의 가치가 증명되는 사례가 꽤 있었다. CNN, FOX 뉴스, MSNBC 등 미국 보도 채널들은 지난 1월 6일 하루에만 평균 130만 명의 시청자를 모았다. 미 의회가 시위자들에 의해 점거당한 바로 그날이다. TV 광고국(TV Bureau of Advertising) 자료에 따르면 뉴욕에서 1월 한 달 동안 약 200만 가구가 뉴스 방송(local News)을 시청했다.

그렇다면 디즈니(훌루), 워너미디어, 피콕 등이 스트리밍 서비스에 이런 실시간 뉴스 채널을 포함시킬까? 앞서 시청률에서 확인했듯이 뉴스는 여전히 사람들을 모으는 능력이 있는 콘텐츠다. 그러나 실시간 채널 뉴스의 수익 모델은 걸림돌이다. 지금은 일부 매체를 제외하곤 광고가 주된 수익원이다. 실시간 뉴스 채널은 생방송이기 때문에 (채널이 미리 편성한) 광고를 거를 수 없다. 이를 편성하는 스트리밍 서비스 입장에선 난감하다. 온라인 전용 광고를 편성할 수 있지만, 채널과 협의해야 하고 영업도 쉽지 않다. 그래서 단순히 실시간 뉴스 채널을 모두 모으는 것은 수익상 좋지 않다. 그래서 스트리밍 서비스에선 오리지널 뉴스 콘텐츠가 주목받고 있다. 수익성을 위해서다. 크리스티 태너(Christy Tanner) CBS 뉴스 디지털 수석 부사장은 CNBC와의 인터뷰에서 "뉴스 부문도 수익성과 혁신을 고려야 한다."라고 설명했다.

사실 지금 대다수 디지털 뉴스들은 오리지널 콘텐츠보다 실시간 뉴스를 확장시킨 모델이 많다. 폭스가 서비스하는 유료 스트리밍 서비스 폭스네이션(Fox nation)이나 현재 워너미디어가 출시를 고려하고 있는 CNN 중심의 스트리밍 서비스도 그렇다. 하지만 바이어컴CBS가 운영 중인 무료 광고 기반 스트리밍 서비스 CBSN는 기존 실시간 채널과 다른 오리지널이 편성되어 광고 영업 등 수익성이 좋다고 알려졌다. 이런 오리지널 뉴스 모델은 앞으로 점점 늘어날 것으로 보인다. 특히, 유료 방송 번들(Bundle) 구독자들이 계속 줄어들면, 뉴스 중심 스트리밍 서비스도 점점 늘어나 기존 케이블TV 상품을 대체할 수 있다.

새로운 뉴스 번들: TV와 지면 뉴스가 만나는 디지털 상품

사실 방송 뉴스와 지면 뉴스는 지금까지 전혀 다른 영역으로 존재해왔다. 그러나 디지털을 만나면서 '디지털 묶음 상품'도 시도되고 있다. 예를 들어 CNN과 뉴욕 타임스를 함께 구독하는 것이다. 최근 스트리밍 서비스들이 급속도로 늘어남에 따라 다양한 묶음 상품이 생기고 있다. 디즈니+, 훌루, ESPN+ 등 같은 회사의 번들뿐만 아니라 흡사 케이블TV의 채널 구성처럼 다른 회사끼리 협업도 진행된다.

대표적인 예가 바이어컴CBS와 애플 TV+의 협업이다. 두 회사는 스트리밍 서비스 쇼타임, CBS 올 액세스와 애플 TV+의 묶음 상품을 월 9.99달러에 내놨다. 가격과 제공 콘텐츠 측면에서 분명히 경쟁력이 있다. 이외 뉴스 전문 스트리밍과 드라마나 예능 전문 스트리밍 서비스 묶음 상품 등 새로운 번들 상품도 생각해볼 만하다.

지면 뉴스와 방송 뉴스의 묶음 상품도 생각해볼 수 있다. CNN이나 폭스 뉴스, 워싱턴 포스트, 뉴욕타임스 등의 디지털 상품을 묶어서 할인해 제공하는 것이다. 물론 뉴스에 관심이 많은 오디언스가 타깃이어서 수익성이 그리 좋지 않을 수도 있다. 그러나 뉴스 번들(News Bundle)은 새로운 구독자층을 확보할 수 있다. 케이블TV를 벗어나려는 방송 뉴스 채널과 유료화를 통해 더 많은 오디언스를 확보하려는 신문의 의지가 만나면 말이다. 이때는 신문의 콘텐츠 질이 무엇보다 중요한데, 워싱턴포스트와 뉴욕타임스는 필수 제품이 될 수 있다. 무엇보다 현재 디지털 구독자가 어느 정도 규모를 갖추고 있기 때문이다.

뉴스 영향력과 규모를 키우는 지면과 TV 뉴스 묶음 상품은 가짜뉴스 및 오남용 정보 등과의 전쟁에도 도움이 될 수 있다. 가짜뉴스와의 전쟁을 위해 설립된 리부트 재단(The Reboot Foundation)의 설립자 헬렌 리 부이그(Helen Lee Bouygues)는 "TV와 신문의 디지털 묶음 상품은 신뢰성 있는 양질의 정보를 안정적으로 공급해 줄 수 있다."라고 언급하기도 했다.

불투명한 미래…뉴스 유통에 대한 고민을 시작하다

CBS는 뉴스 스트리밍 서비스인 CBSN을 만들었으며, 현재 뉴스 조직들의 스트리

밍 전략을 컨설팅하고 있는 모 디지털(Mo Digital)의 CEO 모세 오이누누(Mosheh Oinounou)는 한 언론과의 인터뷰에서 "뉴스와 관련한 새로운 비즈니스 모델은 현재 거의 모든 미디어의 숙제"라고 말했다.

사실 이런 뉴스 묶음 상품 모델은 당장 현재의 수익 구조를 바꿔야 하는 언론사들에는 너무 급진적일 수도 있다. 그래서 이런 새로운 비즈니스 모델을 고민하기 전에 선행해야 할 작업이 있다.

그 첫 번째는 광고주들을 위한 디지털 뉴스의 매력, 즉 만족도를 높이는 일이다. 사실 미국도 트럼프 대통령 집권 이후 뉴스 열풍이 불면서 5년 동안 뉴스 매체들의 비즈니스 모델 개발이 정체된 측면이 있다. 그러나 지금은 상황이 다르다. 디지털 뉴스에 대한 광고주들의 만족도를 높여야 한다.

디지털 광고는 사실 TV 스포츠 광고에 비해 매우 저렴하다. 그래서 뉴스 미디어들은 지금 디지털 광고에 집중하지 않고 있다. 아직까진 TV에서 벌어들이는 광고 수익으로 버틸만하기 때문이다. 그러나 전체적인 미디어 환경 변화를 봤을 때 언론사들은 디지털에 더 집중해야 한다. 변화는 시간문제다.

지금 미국에선 주요 언론사들에 새로운 리더십이 들어서고 있다. 2020년 9월 뉴욕타임스의 CEO가 메르디스 코핏 레비앙(Meredith Kopit Levien)으로 바뀌었고 L.A. 타임스의 놈 펄스틴(Norm Pearlstine) 편집국장은 지난 해 12월에 물러났다. 워싱턴 포스트의 편집국장 마티 바론(Marty Baron)도 은퇴 의사를 밝혔고, CNN의 CEO 제프 주커(Jeff Zucker)도 올해 말 회사를 떠난다고 발표했다. 지난 10년간 자리를 지켰던 로이터(Reuter)의 수석 에디터(편집국장) 스티븐 애들러(Stephen Adler)는 2021년 4월에 은퇴한다고 공언했다. 이들이 물러나고 새롭게 들어설 리더들은 예전과 다른 고민을 해야 한다. 뉴스와 관련한 새로운 유통 방법 말이다. 선배들이 하지 않았던 고민인데 그만큼 절박하다.

2021년 1월 말 17년 동안 ABC뉴스를 책임졌던 제임스 골드스톤(James Goldston)이 2021년 3월 31일 자리에서 물러나겠다고 밝혔다. 골드스톤은 "뉴스의 시대가 끝나고 새로운 시대가 열릴 지금이 물러날 적기"라고 말했다. 그의 말은 사실 이런 의미다. 과거의 뉴스룸은 돈을 벌 필요가 없었지만, 지금은 아니다. 뉴스룸도 이제 더이상 시장 경쟁에서 온전히 보호받지 못한다.

ABC뉴스,
스트리밍 서비스와 TV의 공존 시도

최근 드라마나 예능 프로그램 장르의 비실시간 시청, 즉 실시간 TV가 아닌 스트리밍 플랫폼을 통한 시청이 늘어나면서 나타나는 재미있는 현상이 있다. TV 방송사에서 뉴스와 스포츠의 중요도가 높아지고 있다는 점이다. 이들 장르가 실시간성이 중요한 만큼 광고주를 TV 채널에 모으는 시청률에 끼치는 영향이 커지고 있다. 물론 그렇다고 해서 뉴스 부문이 최근 시청 트렌드를 역행해야 한다는 이야기는 아니다.

뉴스 부문, 실시간과 스트리밍 서비스 모두 중요

그래서 요즘 미국 방송사들은 저녁 메인 뉴스 등 실시간 뉴스에 집중하면서 새롭게 부상하는 스트리밍 서비스 뉴스에도 대응해야 한다. 어렵지만 현실이 그렇다. TV 플랫폼은 서서히 무너지고 있지만, 스테이션 입장에선 뉴스나 스포츠가 끝까지 버텨줘야 한다. 그리고 디지털이라고 해서 온라인에만 신경 쓰는 뉴스 미디어 시대는 지났다. 시청자들이 이제 스트리밍 서비스, 소셜 미디어 서비스로 옮겨가고 있기 때문이다.

　최근 이런 분주한 분위기를 그대로 보여주는 사례가 바로 ABC뉴스다. ABC뉴스의 앵커 린지 데이비스(Linsey Davis)는 최근 ABC의 메인 뉴스인 월드 뉴스 투

나잇(World News Tonight)의 주말 진행을 맡았다. 린지 데이비스는 미국인들에겐 ABC의 24시간 스트리밍 뉴스 'ABC뉴스 라이브' 저녁 진행으로 잘 알려져 있다. 24시간 뉴스와 함께 주말 저녁 메인 뉴스 진행을 동시에 하는 것이다. 월요일부터 목요일까지는 24시간 뉴스 채널 'ABC뉴스 라이브'를 진행하고 주말에만 TV 앵커를 맡는다.

ABC뉴스 라이브는 현재 ABC뉴스 홈페이지뿐만 아니라 로쿠, 홀루, 유튜브TV 등 각종 스트리밍 서비스에도 채널로 제공되고 있다. 사실 소셜 미디어나 스트리밍 서비스 진행자가 실시간 TV 뉴스 앵커까지 맡는 건 드문 일이다.

다른 흐름… 길어지는 ABC 스트리밍 뉴스

대부분의 뉴스 프로그램은 온라인에 적용하기 위해 길이를 줄이고 있다. 그러나 데이비스와 ABC뉴스는 다른 흐름을 보이고 있다. 매주 평일 저녁 2시간 동안 스트리밍 서비스에서 그날의 헤드라인에 더 깊게 들어간다. 길이가 다소 길어져도 괜찮다.

한 주제 당 적게는 5분에서 10분 정도 할애했고, 뉴스 프로듀서들은 앵커가 아닌 출연자(뉴스메이커)에게 시선이 집중되도록 했다. 앵커를 중심으로 풀어가는 기존 케이블TV 뉴스와는 다르다. 스트리밍에 최적화된 서비스다.

ABC뉴스 라이브(스트리밍 뉴스)의 수석 프로듀서인 세니 티에나베소(Seni Tienabeso)는 버라이어티와의 인터뷰에서 편집의 차이점을 강조했다. 티에나베소는 "우리는 이해관계자나 뉴스메이커, 정치인, 예술가 등 다양한 사람과 인터뷰한다. 우리는 그것을 확장하고 그들이 직접 이야기하는 콘텐츠나 스토리텔링도 대폭 늘리고 있다."라고 언급했다. 사람들은 스토리를 듣고 싶어한다.

이와 관련 뉴스 방송과 운영은 아침과 저녁 등 전통적인 편성이 아니라 시청자들이 원할 때 이뤄진다. 3월에 퇴임하는 ABC뉴스의 제임스 골드스톤(James Goldston)은 퇴임 전 인터뷰에서 "그렇다고 해서 각 유통 채널에 따라 각자 다른 팀을 만든다는 의미는 아니다. 스트리밍 서비스는 ABC뉴스 미래의 핵심이지만 이를 위한 별도 조직을 구성하는 것은 아니다."라고 언급한 바 있다. 기존 뉴스 제작팀에서 TV와 스트리밍 관련 콘텐츠를 모두 제작한다는 것을 의미한다.

ABC뉴스, 전통 뉴스의 스트리밍 진출 시도

ABC뉴스는 최근 스트리밍 서비스 뉴스 이용이 급격히 늘었다고 말한다. 자체 플랫폼 내 스트리밍 콘텐츠 시청률은 2020년 12월에 전달 대비 두 배 늘었고 이용 시간도 47%가량 증가했다고 밝혔다. 월평균 이용자는 2,300만 명 정도다.

미국 대선 등 시기적인 요인도 있었지만, 시청 트렌드의 변화 때문이다. 골드스톤은 "우리는 스트리밍 서비스의 중요성을 확인했다. 메인 뉴스인 월드 뉴스 투나잇과 함께 스트리밍 서비스도 공존할 것"이라고 강조했다. 결국, 전통적인 TV 뉴스 콘텐츠도 강화하고 스트리밍 뉴스 인터뷰, 오리지널 콘텐츠도 늘리겠다는 것이다. 어렵게 가야 하는 길이다. 이와 관련 ABC뉴스는 이미 공존을 실행 중이다. 월드 뉴스 투나잇, 20/20 등 기존 뉴스는 스트리밍 서비스 훌루에 진출해 새로운 길을 모색하고 있다. 훌루는 디즈니가 보유한 구독형 스트리밍 서비스다. 기존 TV에서 스트리밍으로 확장해 새로운 오디언스를 확보해 나가고 있다.

이와 함께 스트리밍 오리지널 뉴스도 진행한다. 워싱턴 특파원인 조나단 칼

(Jonathan Karl)은 인터뷰 중심의 새로운 뉴스를 ABC뉴스 라이브에 론칭할 예정이다. 오는 4월경 론칭할 이 프로그램은 ABC뉴스 라이브, 훌루 등 모든 스트리밍 서비스로 방송된다. 이 프로그램은 지도자, 사상가, 행동가 등을 인터뷰해 주목도를 끌어올릴 예정이다.

또 데이비스와 스트리밍 뉴스 제작팀은 어디에서도 볼 수 없는 단독 뉴스에 포커스를 맞춘다. 그런데 이런 단독 뉴스라는 것이 탐사 등은 아니다. 주로 인터뷰인데, 콘셉트를 가지고 간다. 일례로 최근엔 23개 미국 도시의 흑인 여성 시장들과의 라운드 인터뷰를 23분간 진행했다. 또 코로나바이러스 대유행 이후 인터뷰 등을 통한 온라인 라운드 테이블을 자주 갖고 있다. 코로나바이러스 상황이 좋아지면, 스트리밍 뉴스를 위해 미국 각 도시를 방문하면서 인터뷰에 나설 계획이다.

점점 매력을 잃어가는
실시간 뉴스 CNN

지난 2013년부터 CNN의 영광을 함께 한 CNN 대표 제프 주커(Jeff Zucker). 그는 지난 2월 4일 편집회의를 소집해 올해 말 자리에서 물러나겠다고 전격 선언했다. NBC유니버설과 CNN 대표를 역임한 그는 유명 앵커 앤더슨 쿠퍼로부터 "진짜 CNN을 보게 한 첫 번째 CNN 대표"라고 불릴 정도로 뉴스와 CNN의 비즈니스에 대한 애정이 컸다. 주커는 지난 1991년 26세의 나이로 NBC의 〈투데이(Today)〉의 프로듀서를 맡으며 미디어 경영의 여행에 나섰다. 올해는 그로부터 30년이 된 해다.

주커의 퇴진 결정은 2020년 그의 거취를 두고 다소 혼란이 있던 CNN에 어느 정도 명확한 안정성을 줬다. 그러나 이제 세상의 관심은 향후 책임자가 맡게 될 CNN의 미래로 옮겨져 있다. 과거 TV의 전성시대를 만들었고 트럼프 대통령이라는 든든한 지원군(?)이 사라진 CNN을 누가 어떻게 이끌지에 대한 관심이다.

급성장한 CNN … 그러나 장담할 수 없는 미래
트럼프 전 대통령 재임 당시, CNN은 늘 이슈의 중심이었다. 대통령으로부터 가짜 뉴스라고까지 공격받으며 정권과의 갈등이 계속됐지만, 그 덕분에 시청률은 높았다. 물론 폭스가 1위였지만 반대 진영에선 뉴욕타임스와 CNN이 승자였다. 2020

년 연말 대선부터 1월까지는 의회 침입 난동, 트럼프 탄핵 등의 사건으로 시청률이 괜찮았다. 그러나 트럼프 대통령 퇴임 후 시청률이 떨어지기 시작했다. 버라이어티 조사에 따르면 퇴임 다음 주인 1월 25~29일 CNN의 프라임 타임 저녁 8시 시청 수는 전주보다 100만 명 이상 줄었다. 2월 초 트럼프 탄핵 청문이 시작되면서 시청률이 반짝 상승하긴 했지만, 장기적인 추세로 보긴 힘들다. 시청자들은 점점 실시간 TV에서 멀어져 스트리밍 서비스로 옮겨가고 있기 때문이다.

미국 미디어 업계는 모회사 워너미디어의 CEO 제이슨 키라가 CNN을 중심으로 하는 뉴스 스트리밍 서비스를 내놓는 등 구조 개편에 나설 것이라는 분석이 많다. 워너미디어는 최근 전체 콘텐츠 사업의 중심을 스트리밍 서비스(HBO맥스)로 전환하고 있다. CNN 역시 미래가 스트리밍 서비스에 달려 있다. 주 시청자인 케이블TV 가입자가 급속히 줄고 있어서, 이들로부터 받았던 프로그램 사용료(Carriage Fee)의 미래도 장담할 수 없기 때문이다.

실제, CNN을 중심으로 한 스트리밍 서비스를 만들어야 한다는 목소리가 높다. CNN 대표를 맡았던 존 클라인(Jon Klein)은 할리우드리포터와의 인터뷰에서 "CNN은 반드시 고객 직접 서비스 모델(direct-to-consumer model)을 구축해야 한다. CNN은 여전히 강한 브랜드를 갖고 있고 단편화된 미디어 환경에서 이는 매우 중요하다."라고 언급했다.

문제는 모회사인 AT&T가 투자할 여력이 없다는 사실이다. 이와 관련하여 AT&T는 5G 무선 중계 장비 인수를 위해 147억 달러 어음을 발행한 이후, 총 1,500억 달러 이상인 부채를 상환할 계획이라고 밝힌 바 있다. 늘어나는 부채를 우려한 투자자들을 안심시키기 위해서다.

CNN 매각 또는 분사 가능성

일각에서는 AT&T가 투자 대신 CNN을 매각하는 것 아니냐는 이야기도 나온다. HBO맥스에 투자하기 위해서도 많은 실탄이 필요하기 때문이다. 번스테인(Bernstein)의 미디어 애널리스트 피터 수피노(Peter Supino)는 CNN의 가치를 56억 달러 정도로 분석했다. AT&T가 위성방송인 디렉TV와 함께 매각하면 어느 정

앤더슨 쿠퍼 CNN 앵커

도 부채를 상환할 수 있을 것이라는 예상도 있다. 보겔 캐피털 매니지먼트(Vogel Capital Management)의 CEO 할 보겔(Hal Vogel)은 미국 언론과의 인터뷰에서 "CNN은 항상 매력적인 미디어 기업 매물에 올라 있다. AT&T가 부채를 줄이고 주주들에게 배당금을 지급하기 위해 결단할 수도 있다."라고 언급했다.

물론 기술 대기업이나 스튜디오 등 CNN을 소유하고 싶어하는 인수자는 매우 많다. 이와 관련 비즈니스 인사이더는 최근 보도에서 13개 회사를 잠재적 인수자로 꼽았다. 바이어컴CBS, 디스커버리, 컴캐스트, FOX, 디즈니, 아마존, 고 스티브 잡스의 부인인 로렌 파웰 잡스(Laurene Powell Jobs)를 꼽았다. 참고로 파웰 잡스는 애틀란틱(The Atlantic)의 지분도 소유하고 있다.

그러나 워너미디어가 불가항력적인 상황에 몰리지 않는 한, 당장 매각에 나서진 않을 것이다. 아직까진 CNN이 케이블TV 등으로 받는 프로그램 사용료가 나쁘지 않기 때문이다. 모팻내탄슨의 애널리스트 크레이그 모펫(Craig Moffett)은 최근 보고서를 통해 "CNN을 원하는 잠재적 구매자들은 꽤 있다. 그러나 CNN이 없으면 TNT, TBS와 같은 워너미디어의 채널들은 프로그램 사용료 협상에서 매우 어려울 것"이라고 분석했다.

오히려 2020년 12월 인포메이션의 보도에 따르면 CNN을 중심으로 한 실시간 채널(TBS, TBN) 스트리밍 서비스를 내놓고 정면 돌파에 나선다는 분석이 더 우세하다. CNN과 스포츠 골프 채널 스트리밍은 괜찮은 모델이다. (이는 보도 기능을 가진 한국 미디어 기업도 가능한 시나리오다) 정치적인 문제로 CNN 매각이 쉽지 않은 만큼, 추가 투자 유치가 가능한 분사에 나설 것이라는 분석도 있다.

전문가들은 어떤 결정이 나든 올해 안에 모든 결과가 나올 것이라는 분석이다. 시간을 끌기에는 매체 환경 변화가 만만치 않기 때문이다. 이럴 경우, 현재 주커 CEO가 어느 정도 결정에 관여할 것으로 보인다. 일단 키라 워너미디어 CEO도 "2021년은 CNN 40년 역사상 매우 중요한 역사적인 해가 될 것"이라고 포석을 깔았다.

누구에게 CNN의 미래를 맡길 것인가

회사 구조 개편과 함께 내부 정비도 중요하다. 스트리밍 서비스에 대응해야 하기 때문이다. 그래서 제프 주커 이후 누가 CNN의 CEO가 되는지에도 관심이 집중되고 있다. ABC 아침 뉴스 〈굿모닝 아메리카(Good Morning America)〉의 프로듀서로 일했고 디즈니-ABC TV 사장까지 역임한 벤 셔우드(Ben Sherwood) 등이 물망에 올라 있지만, 일각에선 TV 업계 인물이 아닌 디지털 전략을 맡을 인물이 필요하다는 지적도 설득력을 얻고 있다. 그도 그럴 것이 CNN의 위치가 애매하기 때문이다. 스트리밍 서비스 등 디지털이 중요하지만, 케이블TV 등 플랫폼 사업자들로부터 받는 프로그램 사용료가 주 수익원이어서 아직 TV 시청률을 포기하기는 어렵다. 그래서 TV와 디지털 비즈니스를 모두 잘 할 수 있는 인물을 찾는 데 쉽지 않다. 미디어 애널리스트 리치 그린필드(Rich Greenfield)는 NBC뉴스와의 인터뷰에서 "케이블 비즈니스는 흔들리고 있고 장기적으로는 TV에 의해 CNN의 미래가 결정되지는 않을 것"이라고 언급했다. 그래서 현재 CNN의 가치를 유지하면서 미래를 대비할 수 있는 균형이 중요하다. 앞으로 임명될 CEO는 이 어려운 일을 해내야 한다.

물론 이런 책임자를 찾는 일은 힘들 수밖에 없다. 이에 기존 TV 뉴스와 디지털 뉴스 사이의 균형을 유지하기 위해 CNN 조직을 두 개로 나누는 것도 검토 중이다. 뉴스 제작과 프로그램을 담당하는 조직과 뉴스를 스트리밍 서비스 및 디지털에 유통하는 조직 등이다. 생산(저널리즘), 유통(비즈니스)을 맡는 2개의 수평 조직을 만들라는 것이다.

이런 시나리오 내에서 미국에선 차기 사장에 대한 구체적 인사까지 거론된다. 뉴스 부문에선 현재 CNN의 기자 및 콘텐츠 개발 담당 수석 부사장인 에이미 엔텔리스(Amy Entelis), 뉴스 취재 담당 수석 부사장인 버지니아 모슬리(Virginia Moseley)가 거론되고 있다. 유통 부문은 앤드류 모스(Andrew Morse) 수석 부사장 겸 디지털 담당 최고 책임자가 맡을 것으로 전망하고 있다. 이들의 이력을 보면 알겠지만, 오래전부터 뉴스 생산과 유통으로 경력을 쌓아왔다.

외부 인사들도 거론된다. 뉴스 부문의 경우 MSNBC의 유명 TV 뉴스 프로그램 〈굿모닝 조(Morning Joe)〉의 수석 프로듀서 출신 크리스 리흐트(Chris Licht), 통신사 버라이즌의 미디어, 콘텐츠 부문 대표 알렉스 월리스(Alex Wallace)도 대표로 거론되고 있다. 그러나 이들은 모두 디지털이나 현재 요구되는 다양성과는 거리가 먼 인물이다.

그러나 누가 사장이 되건 뉴스룸이 전부인 CNN을 다루기 위해선 강력한 리더십이 필요하다. 저널리스트 출신이거나 수십 년의 뉴스룸 근무 경험은 필수일 것으로 보인다. 그래서 제프 주커가 생각보다 오래 머물 것이라는 예측도 있다. 현재 CNN 앵커들이 그에게 높은 충성심을 보이고 있기 때문이다. 유명 앵커 중 한 명인 돈 레몬(Don Lemon)은 "나는 15년을 CNN에서 일했는데 주커와 근무한 시간이 최고였다. 그가 더 오래 있기를 원한다."라고 말하기도 했다.

CNN의 위기가 우리에게 주는 교훈

지난 1980년 개국한 CNN은 유료 방송 시대의 스타였다. 모든 역사적인 현장을 중계하며 유료 방송의 성장을 함께 했다. 그래서 유료 방송 묶음 상품에 CNN이 포함되면 비싼 가격을 받았다. 그러나 CNN도 시대 변화를 이겨내지 못하고 있다. 이제 유료 방송 시대가 가고, 스트리밍 시대가 오고 있다. 스트리밍 시대에도 실시간 보도 채널은 중요하다. 문제는 아직 수익 모델이 완벽하지 않다는 것이다.

　대세로 자리 잡은 구독형 스트리밍 서비스 모델에서는 실시간성을 중요하게 생각하는 뉴스 중심 채널이 설 자리가 별로 없다. VOD 플랫폼에 최적화된 오리지널 콘텐츠가 많지 않다. 광고를 기반으로 한 광고형 무료 스트리밍 서비스에는 들어가고 있지만, TV와 동일한 콘텐츠이기 때문에 오히려 TV의 경쟁력을 갉아먹을 우려가 있어 대전환이 필요하다. 스트리밍 오리지널 콘텐츠에 투자하거나 보도 채널, 스포츠 채널 등을 중심으로 또 다른 스트리밍 서비스를 만들어야 한다. 한국 채널들이 처한 상황 역시 CNN과 다르지 않기 때문에 한국 역시 같은 수준의 고민을 해야 한다. 스트리밍 시대, 보도의 의미는 어디서 찾아야 할까?

지역 방송사 테그나,
연합 팩트체킹 시스템 론칭

미국 4위 지역 지상파 미디어 그룹 테그나(Tegna)가 2021년 여름, 소속 보도국들이 참여하는 독립형 팩트체킹 플랫폼 '베리파이(Verify)'를 론칭한다. 지난 2015년에 설립된 테그나는 미국 버지니아 지역에 자리한 지역 지상파 방송 그룹으로 51개 방송 권역에 64개 방송사를 보유하고 있다. 이번 팩트체킹 시스템에는 전국 49개 보도국 전문기자들이 참여한다. 테그나는 베리파이에 담길 팩트체킹 관련 콘텐츠를 웹사이트, 이메일 뉴스레터 등 디지털 플랫폼으로 노출한다. 아담 오스

통합 브랜드로 지역 뉴스에 대한 신뢰도와 접근성을 높여라

트로(Adam Ostrow) 테그나 디지털 팀장은 빠르면 2021년 2분기에 시작될 것이라고 언론 보도에서 밝혔다.

테그나는 이번 팩트체킹으로의 확장이 지역 뉴스에 대한 소비자들의 신뢰도를 높이는 역할을 할 것으로 보고 있다. 특히, 베리파이라는 통합된 브랜드로 다른 포맷, 새로운 플랫폼에 올리면 팩트체킹에 대한 주민들의 접근성을 보다 높일 수 있을 것으로 판단하고 있다. 이를 통해 인터넷으로 급속히 확산되고 있는 오남용 정보와 가짜 정보에 대한 폐해 최소화를 기대하고 있다. 팩트체킹 시작에 대한 전제는 뉴스에 대한 신뢰도인데 미국인들은 지역 뉴스에 대해 어느 정도 긍정적인 생각을 하고 있다. 지난 2019년 나이트 파운데이션(Knight Foundation)이 조사한 바에 따르면 미국인들의 45%가 지역 뉴스 매체를 '상당히(a great deal)' 혹은 '꽤(quite a lot)' 신뢰한다고 답했다. 반면, 같은 조사에서 전국 뉴스 매체를 믿는다는 답변은 31%였다. 테그나는 베리파이 기사와 콘텐츠를 각 방송사에 유통하고 광고를 유치해 수익을 올릴 계획이다. 2020년 여름에 론칭한 베리파이의 스냅챗 '디스커버 페이지(Discover page)' 역시 스냅챗과의 파트너십 계약으로 매출을 올리고 있다.

브랜드 신뢰 회복에 집중

수익도 중요하지만, 테그나의 포커스는 브랜드 신뢰도 회복에 있다. 그리고 다양한 디지털 플랫폼을 통한 오디언스 확보에도 그 목적이 있다. 베리파이 브랜드로 론칭하려는 결정은 사실 팩트체킹 붐 때문이기도 하다. 테그나에 따르면, 2020년 테그나 소속 지역 방송사 웹사이트에서 베리파이 콘텐츠 트래픽이 400% 이상 증가했으며, 월평균 200만 명 이상의 고유 방문자를 유치했다.

지역 뉴스의 내용도 좋았다. 2020년 3월부터 10월까지 베리파이의 상위 50개 기사를 분석한 결과 70%가 코로나바이러스 관련 기사였다. 2020년 4분기 거의 모든 전국 매체가 미국 대통령 선거에 빠져있을 때 베리파이의 관심사는 여전히 코로나바이러스와 조지 플로이드의 죽음과 관련한 흑인 인권 시위에 있었다.

베리파이는 워싱턴포스트(WP)의 베테랑 기자 조나단 포사이스(Jonathan

Forsythe)를 메인 에디터로하여 10~15명으로 팀을 구성할 계획이다. 팀은 프로듀서와 에디터, 디지털 저널리스트, 모션 그래픽 디자이너, 제품 개발자 등으로 꾸려진다.

미국 팩트체크 시장은 경쟁이 치열하다. 뉴욕타임스, 워싱턴포스트와 같은 기존 매체뿐만 아니라 뉴스가드(NewsGuard) 등 팩트체크를 전문으로 하는 미디어도 잇달아 등장하고 있다. 따라서 차별화를 위해 베리파이는 비디오에 집중한다. 가짜뉴스나 오남용 정보들이 영상으로 유통되기 때문에 이에 대한 대응으로는 효과적인 방법이다.

베리파이는 미국 전역의 테그나 지역 TV 방송국에서 방송된다. 영상과 함께 기사나 웹사이트를 통해 공개되어 매달 7,500만 명의 순 방문자를 확보하고 있다. 2016년부터는 디지털 플랫폼에도 제공하고 있다. 베리파이는 매주 새로운 에피소드를 스냅챗 계정에 게시한다. 현재 16만 명 이상의 가입자와 800만 명 이상의 시청자를 보유하고 있다. 중요한 점은 스냅챗 시청자의 50% 이상이 24세 미만이라는 점이다. 이 브랜드를 통해 도달하기 어려운 오디언스에 다가가고 있다.

지금 미국 지역 방송들은 스트리밍 서비스의 확장과 지역 케이블TV 방송 가입자 감소로 어려움을 겪고 있다. 따라서 로컬 방송국의 이같은 브랜드 확장은 젊은 이들에게 다가가는 현명한 방법이 될 수 있다.

틈새시장을 공략한다, 블룸버그 미디어

경제 전문 매체 블룸버그 미디어(Bloomberg Media)의 2021년 일반 소비자 구독 매출이 1억 달러에 달할 것으로 전망된다. 악시오스는 CEO 저스틴 스미스(Justin Smith)가 내부 직원들에게 보낸 메모를 입수해 이같이 보도했다.

3년 전 소비자 디지털 구독 비즈니스를 시작하기 전 블룸버그 LP는 기업과 금융 전문가를 위한 데이터 및 콘텐츠 제공 플랫폼인 블룸버그 터미널(Bloomberg Terminal)로 구독료 대부분을 벌어들였다. 그러나 스미스의 메모에 따르면 기업 시장에서 개인 구독 시장으로 성공적 전환을 이뤘다. 스미스는 "우리는 2020년 135% 성장에 이어 올해도 우리는 90%에 가까운 구독 매출 증가를 기록하고 있다."라며 개인 구독 시장에서의 성공을 알렸다.

블룸버그, 기업 시장에서 개인 시장으로의 안정적 전환

이와 관련 블룸버그 미디어는 올해 디지털 구독자가 40만 명에 이를 것으로 전망하고 있다. 2020년에는 25만 명 수준이었다. 기업 대상 블룸버그 터미널 가입자가 대략 32만 5,000명이었던 것과 비교해 보면 개인 대상 구독 비즈니스가 얼마나 성공적인지 알 수 있다.

터미널 연간 구독료는 최소 2만 달러이며 블룸버그를 개인이 구독하는 비용은 연간 415달러 정도로 차이가 크다. 따라서 블룸버그 터미널 사업의 비즈니스 가치는 100억 달러 가까이 된다. 그러나 경제 관련 분석이나 해설, 독점 기사를 제공하고 있는 블룸버그 미디어는 인포메이션, 애슬레틱(The Athletic) 등 틈새 전문 미디어들과 묶음 상품을 만들어 판매함으로써 구독자 수를 늘려왔다. IT와 경제에 관심 있는 독자(인포메이션+블룸버그), 스포츠와 경제에 관심 있는 독자(애슬레틱+블룸버그) 등을 대상으로 할인 상품을 만든 것이다. 일례로 블룸버그 연간 구독자들에겐 애슬레틱 6개월 무료 이용권을 줬다.

아울러 특정 분야를 집중적으로 분석해 전달하는 개인 금융 버티컬 전략(new personal finance vertical)도 적중했다. 개인들이 관심을 가지는 경제 뉴스를 더욱 깊고 자세하게 분석해 줬는데 큰 호응을 얻었다. 블룸버그에 따르면 블룸버그 웰스(Bloomberg Wealth)는 개인이 관심을 가질 만한 증권 투자, 부동산, 은퇴 상담, 세금 등에 관련한 기사를 주로 쓰고 있는데, 2020년 12월 이 사이트 순 방문자만 500만 명이 넘었다.

이외 헬스케어(Prognosis, 프로그노시스), 자동차(Hyperdrive, 하이퍼드라이브), 기후 환경(Bloomberg Green, 블룸버그 그린), 도시화(Bloomberg CityLab, 블룸버그 시티랩), 엔터테인먼트 비즈니스(Screentime, 스크린타임) 등 지난 2년간 다양한 버티컬 콘텐츠 서비스를 론칭했다. 2021년 블룸버그는 이를 더 확장해 (Bloomberg Equality, 블룸버그 자산 서비스)도 틈새 수직 전략에 포함할 예정이다.

점점 더 중요해지는 구독 서비스

디지털 미디어 회사에 있어 구독 서비스는 날이 갈수록 더 중요해지고 있다. 이전 주요 수익원이었던 디지털 광고가 구글, 페이스북 등 기술 대기업에 넘어가고 있기 때문이다.

다행스럽게도 블룸버그의 디지털 광고 매출은 괜찮았다. 2020년에 전년 대비 15% 올랐고, 4분기만 놓고 보면 1년 전보다 44% 상승했다. 코로나바이러스 대유행 속 상당히 선방한 수준이다. 이 성장에는 회사의 24시간 경제 뉴스 스트리밍 서비스 플랫폼 퀵테이크(Quicktake)의 공이 가장 크다. 그렇지만 블룸버그도 광고 의존도를 낮추기 위해 디지털 구독 서비스를 키우고 있다.

포스트 트럼프 시대, 블룸버그의 가장 큰 장점은 정치적인 이슈로부터 독립적이라는 것이다. 다른 미디어들은 뉴스가 사라지는 이때, 깊은 침체기를 겪고 있다. 시청률 하락뿐만 아니라 정치 뉴스에 대한 시청자 관심이 예전만 못한 만큼, 광고 매출도 크게 늘지 않고 있다. 그러나 경제를 향한 관심은 날이 갈수록 더 커지고 있다. 블룸버그의 핵심 콘텐츠는 경제, 금융이다. 그리고 최근 코로나바이러스 대유행 이후 진행되는 경제 흐름과 회복 영역 등에 대한 독자의 관심이 집중되고 있어 더 유리하다. 또 백신 개발 이후 사업과 금융에 대한 주목은 구독자 확대에도 도움이 된다. 앞으로 당분간은 긍정적 전망이 예상된다. 현재 블룸버그의 디지털 구독자 규모(40만)는 뉴욕타임스(670만)의 10%에도 못 미치지만, 속도와 방향은 괜찮다.

한국에는 아직 이런 수준의 구독 매출에 도달한 경제 매체가 없다. 아니 제대로 된 구독 서비스를 시작한 미디어도 없는 상태다. 그러나 우리에게도 기회가 있을 것이다. 특히, 블룸버그가 성공한 틈새 버티컬 서비스나, 묶음 상품 그리고 스트리밍 서비스에서 수익화 기회를 찾아볼 수 있을 것으로 보인다. 이들 영역은 이른바 돈을 지불할 의사가 있거나 현재도 구독료를 지불하고 있는 분야(스트리밍 서비스)다.

계속되는 구조조정, 90여 명 정리해고

구독 경제로의 전환을 위해 뼈아픈 결정도 해야 했다. 90여 명의 직원을 정리해고 하기로 한 것이다. 유쾌하지 않은 결정이다. 블룸버그의 편집국장인 존 미클스웨이트(John Micklethwait)는 내부 메모에서 "나는 오늘이 뉴스룸에 행복한 날이라고 생각하지 않을 것이다. 언론인들에게 일자리를 잃어가고 있다고 말하는 것은 항상 고통스러운 일이다."라고 말했다. 그러나 아직 구체적인 정리해고 날짜나 인원이 결정되지 않았다.

미클스웨이트가 밝힌 새로운 구조는 스트리밍 뉴스의 시대, 편집과 책임의 강화 그리고 민첩성이다. 미클스웨이트는 이를 위해 에디터들이 해당 필드에서 전문성을 갖춰야 한다고 말했다. 이를 바탕으로 에디터들은 이제 '내 영역이 아니다'라는 태도에서 벗어나 '모든 것을 우리가 책임져야 한다'는 방향으로 선회해야 한다고 말했다.

뉴스 전문 스트리밍 서비스,
지역 뉴스와 새 기회 모색

광고 기반 스트리밍 뉴스 서비스 헤이스택 뉴스(Haystack News)가 2021년 2월 10일 블룸버그의 스트리밍 채널 퀵테이크와 블룸버그TV를 추가한다고 밝혔다. 이로 인해 헤이스택 뉴스는 350여 개 지역과 전국 뉴스 채널을 실시간 방송하게 됐다. 2019년에 론칭한 헤이스택 뉴스는 라이브 뉴스와 개인 취향에 맞춘 개인화된 뉴스를 제공하는 뉴스 스트리밍 플랫폼이다. ABC 뉴스 라이브, CBSN 등 전국 단위의 스트리밍 뉴스 채널과 함께 알자지라, 유로뉴스, 뉴스맥스, 야후 파이낸스 그리고 지역 뉴스를 실시간 제공하고 있다. 제공 뉴스 채널은 350여 개(지역 채널 300개)로 전국 90%, 주요 30개 광역 지역의 100%를 커버하고 있다.

경제 전문 블룸버그 채널 추가로 헤이스택 뉴스는 실시간 채널만 18개가 됐다. TV, PC와 함께 스마트폰 애플리케이션으로 시청할 수 있다. 헤이스택 뉴스의 CEO 다니엘 바레토(Daniel Barreto)는 미디어 플레이와의 인터뷰에서 "미국 전역에서 뉴스 스트리밍 서비스에 대한 수요가 급증하고 있다."라고 설명했다.

뉴스 전문 스트리밍 서비스 구독자 증가

헤이스택 뉴스 등 뉴스 스트리밍 서비스는 전체 방송 시장이 스트리밍 서비스로 넘어가면서 구독자가 계속 늘고 있다. 전문 채널로 서비스가 확대되면서 구독자들의 만족도도 높아지고 있다. 대부분은 무료인데 구독자들은 이들 뉴스 채널을 무료로 보는 대신, 광고를 봐야 한다. 특히, 구글이나 페이스북으로 로그인하는 구독자들에게는 지역과 개인 취향에 따른 맞춤형 지역 광고와 채널 송출이 가능하다. 로그인하면 시스템이 위치를 파악해 거주 지역의 뉴스를 송출한다.

현재, 뉴스 전문 스트리밍 서비스는 CBSN, ABC 뉴스 라이브, 폭스네이션, 블룸버그TV, 뉴시(Newsy) 등 지역 뉴스·전국 뉴스·전문 뉴스를 묶은 브랜드 뉴스 채널과 이런 채널들을 묶어 서비스하는 종합 뉴스 스트리밍 서비스 크게 두 종류가 있다. 훌루TV라이브, 후보TV(Fubo TV), 플루토TV, 파일로TV(Philo TV)와 같이 다른 채널과 함께 유료나 무료로 서비스하는 뉴스 플랫폼도 있다.

종합 뉴스 스트리밍 서비스로는 헤이스택 뉴스를 비롯해 미국 내 2위 지상파 네트워크인 싱클레어(Singclair)가 스티어(Stirr)로 점유율을 확대하고 있다. 무료 스트리밍 서비스인 투비(Tubi)도 뉴스를 강화하고 있다. 지난 2월 11일 케이블 TV 플랫폼 콕스(COX)가 소유한 80여 개 지역 채널을 추가하고 폭스가 운영하는 17개 지역 뉴스 채널, 알리스USA가 보유한 12개 뉴욕 지역 채널도 추가했다.

헤이스택과 같은 뉴스 스트리밍 서비스 플랫폼은 전문 뉴스 및 지역 채널에도 중요하다. 기존 유료 방송 서비스 가입자는 줄어들고 있지만, 스트리밍 시대에 단독 서비스로는 점유율을 확대하기 쉽지 않기 때문이다. 뉴스 채널들은 이런 뉴스 집합 서비스를 통해서 큰 규모의 시청자를 확보하고 있다. M. 스콧 헤븐스(M. Scott Havens) 블룸버그 미디어의 글로벌 디지털 미디어 유통 대표는 "헤이스택

뉴스 같은 뉴스 플랫폼은 뉴스 미디어들에게 새로운 오디언스를 확보해주고 브랜드를 확장할 수 있게 해 준다."라고 언급했다.

한편, 미국 캘리포니아 샌프란시스코에 본사를 둔 헤이스택 뉴스는 뉴스 소비가 실시간 TV에서 스트리밍 서비스, VOD로 넘어가는 트렌드에 맞춰 창업됐다. 특히, 코로나바이러스 대유행 시기에 이용 시간이 2배 이상 늘었다. 2021년에 접어들어서도 지역 및 전국 뉴스에 대한 관심이 집중되면서, 월간 이용 시간 100만 시간을 넘었다.

오리지널 구독 뉴스 <오버뷰>,
오디언스를 넘어 구독자를 확보하라

NBC뉴스의 기자 가디 슈워츠(Gadi Schwartz). 탐사 보도 전문기자로 유명한 그는 2018년 평창동계올림픽 취재로 우리에게도 익숙하다. 사실 가디는 미국에서 10대에게도 인기가 있다. 소셜 미디어 서비스 스냅챗의 오리지널 뉴스 <스테이 튠(Stay Tuned)>을 진행했기 때문이다. NBC뉴스가 2018년 스냅챗 오리지널 뉴스로 만들었던 <스테이 튠>은 10대의 사고와 화법으로 풀어낸 새로운 플랫폼을 위한 새로운 포맷 뉴스였다. 카메라를 응시하는 출연자, 화면 전체를 덮는 자막(정보), 세로 화면, 10대만의 이야기가 <스테이 튠>의 특징이다. 공동 진행자인 MSNBC의 기자 사바나 셀러스(Savannah Sellers)도 매우 인기가 있었다. 시청자가 아닌 구독자만 1,000만 명이 넘었다.

가디 슈워츠가 이번에는 스트리밍 서비스에 도전했다. NBC뉴스와 스트리밍 서비스 피콕을 위해 만든 밀레니얼 세대 전용 오리지널 뉴스 <오버뷰(The Overview)>의 진행을 맡은 것이다. 2021년 1월 16일에 시즌1이 시작된 이 오리지널 뉴스는 장르로서의 뉴스가 스트리밍 서비스에 어떻게 녹아들 수 있는지를 보여주는 혁신적 사례. 유튜브와 스마트폰을 보는 듯한 이야기 구조, 파워포인트 식 자막 처리, 정보와 내용이 만나는 인포스토리(Infor-Story) 뉴스 포맷으로 밀레니얼 시청자들을 피콕으로 불러왔다.

오버뷰 성공 비결 1: 후드티를 입은 탐사 보도 기자

가디 슈워츠는 이 프로그램에서 후드티를 입고 차고에서 이야기를 진행하며 지구 환경 오염이나 인종 문제 등 우리에게 닥친 사회 문제를 이야기한다. 화면은 유튜브처럼 직관적이다. 그래픽은 크고 분명하며, 화면은 드론 등을 이용해 항공 뷰로 촬영했고, 해설은 대화체다. 10대들에게 익숙한 화법이다.

〈오버뷰〉는 매주 토요일마다 한 편씩 업데이트되는데, 길이는 한 번에 몰아보기 쉽게 20분 내외다. 주제는 실업, 환경, 기후 변화, 인종 갈등 등 미국 10대들의 관심이 높은 사회 문제다.

첫 번째 에피소드에선 가뭄과 환경 오염으로 물고기가 집단 폐사한, 사호로 변하고 있는 캘리포니아 솔튼 시(Salton Sea)에 관한 내용을 다뤘다. 이 에피소드는 스토리도 화제였지만 1인칭 시점의 화면, 화면 절반을 채우는 그래픽, 10대들의 정치적 언급(10대 환경 대표), 코로나바이러스 대유행을 반영한 줌 인터뷰 등 기존 영상 문법을 거부하고 10대들의 눈으로 이야기하는 장면이 화제가 됐다.

NBC와 MSNBC에서 2020년 대선, 미국과 멕시코 국경 문제, 올림픽 등을 취재해온 경험 많은 리포터 슈워츠는 이 프로그램의 또 다른 주인공이다. 그는 10대를 비롯해 케이블TV를 시청하는 중장년층까지 다양한 세대를 〈오버뷰〉 앞에 모으는 데 성공한다.

슈워츠는 버라이어티와의 인터뷰에서 "기자 생활을 하는 동안 내 목소리를 찾기 위해 노력하고 있다. 나는 지역 뉴스에서 기자 생활을 시작하면서 내 또래들이

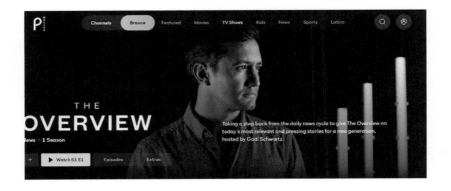

뉴스를 더이상 보지 않는다는 것을 알았다. 내 세대의 목소리를 담지 못한 기사를 오디언스에 말하고 있었다. 그 점이 항상 나를 괴롭게 했다. 그래서 디지털로 넘어왔는데 뉴스 산업에 종사하는 친한 친구들이 디지털에 집중하는 건 너의 직업을 죽이는 일종의 자살 행위라고 말하기도 했다."라고 덧붙였다.

그가 디지털을 이해하는 큰 원칙은 모호하지만 단순하다. '오디언스에게 소리치거나 일방적으로 정보만을 전달하지 않는 것'. 슈워츠는 10대들에게 일방통행은 몰입도를 높이는 데 효과적이지 않다는 사실을 경험적으로 깨닫고 있다. 일방통행은 화면을 보고 직접 이야기하고 참여하는 세대들에게는 통하지 않는다.

오버뷰의 성공 비결 2: 패러다임 전환에 초점을 맞춘 뉴스

슈워츠는 〈오버뷰〉에서 기존 소셜 미디어 뉴스 〈스테이 튠〉을 통해 얻은 교훈을 투영했다. 우리에게 닥친 문제, 모두가 함께 고민해야 하는 문제를 뉴스에 담길 원했다. 시청자들이 일상에서 한발 물러서서 우리가 직면한 더 큰 문제들을 곰곰이 생각해 볼 수 있는 공간을 만들고자 했다. 요즘 10대들이 고민하는 그런 문제다. 기후 변화, 선거의 미래, 레트로, 유튜브 크리에이터 등이 프로그램의 주요 주제로 등장했다. 모든 프로그램은 지속 가능한 미래, 슈워츠가 즐겨 사용하는 문구인 패러다임 시프트(Paradigm shift)에 초점을 맞추고 있다.

프로그램에 쓰이는 인터뷰 방식도 독특해서 기자 출연을 최소화하고 등장인물의 화면과 멘트에 집중했다. 젊은이들이 영상 통화하는 그 방식 그대로다. 향후에는 국가, 경찰 시스템의 필요성에 대해 방송할 예정이다. 가장 중요한 부분은 스토리 전개 방식이다. 지루하지 않도록 이야기 전개 속도가 매우 빠르고 시점 전환도 다양하다. 기자 시각에서 인터뷰어의 시각, 시청자 시각으로 넘어간다. 전문용어를 사용하며 늘어지게 하지 않는다.

오버뷰의 성공 비결 3: 스트리밍 오리지널 서비스

〈오버뷰〉는 스트리밍 서비스 피콕에서만 볼 수 있다. 유튜브 등 다른 오픈 플랫폼에는 공개하지 않는다. 디지털 오리지널이 아닌 스트리밍 오리지널이다. 대신 뉴스 프로그램의 특성상 피콕에 가입만 하면 무료로 볼 수 있다.

원래 피콕은 유료(월 4.99달러)지만 이 콘텐츠는 가입만 하면 볼 수 있다. 피콕 입장에서도 새로운 독자층을 유입시키는 뉴스가 편성되는 게 나쁘지 않다. 향후 이들이 유료로 전환될 수도 있다. 게다가 10대 전담 뉴스라면 피콕 시청층을 넓히는 효과도 있다.

피콕의 토픽 프로그램 개발 담당 수석 부사장인 젠 브라운(Jen Brown)은 버라이어티와의 인터뷰에서 "가디의 리포트가 스트리밍 뉴스 이용자들에게 중요한 이슈를 잘 그려내 세대의 주목을 받길 원한다."라고 언급했다. 이에 대해 가디는 "사람들은 뉘앙스 차이를 뉴스에 반영하길 원한다. 사람들은 동시에 두 가지 사실이 진실인 상황도 다 받아들일 수 있다."라고 덧붙였다. 이 이야기는 기존 방송 뉴스처럼 하나의 결론이 아니어도 영상 문법이 완성될 수 있다는 말이다.

스트리밍 전성시대,
그러나 넷플릭스만의 세상은 아니다

2020년 글로벌 가입자 2억 명을 넘어선 넷플릭스는 2021년에도 순항하고 있다. 넷플릭스의 위상은 닐슨이 최근 공개한 주간 톱10 스트리밍 서비스 프로그램을 확인하면 알 수 있다. 이 자료를 보면 넷플릭스 프로그램이 TV에서 가장 많이 본 프로그램의 90%를 차지했다. 그러나 스트리밍 서비스 분석회사 릴굿(Reelgood)이 발표한 데이터를 보면 넷플릭스만이 이 시장에서 위대한 업적을 남기고 있는 건 아니다. 오리지널 영화 및 TV프로그램을 제공하는 상위 10대 서비스의 경우 넷플릭스가 유일하지 않았다. 다른 스트리밍 서비스들도 힘을 냈다.

스트리밍 이용 시간, 디즈나가 1위

릴굿의 조사에 따르면 미국 스트리밍 서비스 가운데 총 이용 시간은 디즈니가 소유한 훌루가 가장 많았다. 2위는 광고 기반 무료 스트리밍 서비스 투비였고, 3위는 아마존 프라임 비디오였다. 릴굿은 전체 150여 개 스트리밍 서비스에 대한 조사를 진행하고 있다. 넷플릭스는 이들 서비스에 이은 4위였다. 5위는 월 20달러로 실시간 채널 포함 60여 개의 채널을 송출하는 가상 유료 방송 사업자 파일로(Philo), 6위는 바이어컴CBS의 플루토TV 등이다. 이용 시간이 많은 서비스들은 아무래도 광고 기반 무료 스트리밍 서비스들이었다.

단독 콘텐츠 이용 시간, 훌루가 1위

훌루는 단독 콘텐츠(Exclusive Content) 시간도 1위를 기록했다. 다른 스트리밍 서비스에 노출되지 않는 콘텐츠 이용이 얼마나 있었는지를 보는 지표다. 그 다음은 넷플릭스, 파일로, 아마존 프라임 비디오, 투비, 후보(Fubo TV), CBS 올 액세스, 플루토TV, IMDB TV, HBO맥스 등이다. 미국 지상파 네트워크의 영화 드라마들이 많이 서비스되는 훌루의 특성상 단독 콘텐츠 이용이 많은 것으로 보인다.

신작 콘텐츠 이용, 넷플릭스가 1위

역시 신작 콘텐츠는 넷플릭스를 따라올 수 없었다. 여기서 신작 콘텐츠란 공개된 지 3년이 되지 않은 프로그램을 말한다. 1위는 넷플릭스였고, 2위는 훌루, 3위는 파일로다. 직접 투자해서 만드는 오리지널 콘텐츠도 넷플릭스가 단연 1위였다. 오리지널 콘텐츠 시청 2위는 프로그램에 대한 충성도가 높은 HBO맥스가 차지했다. 오리지널 부문 3위는 훌루다. 디즈니+가 7위를 기록했지만, 오리지널 작품들이 늘어나고 있어서 순위가 계속 상승할 것으로 전망된다.

넷플릭스 10편 중 4편이 오리지널

스트리밍 시장 경쟁이 치열해지자 각종 스트리밍 서비스들이 많은 제작비를 투입해 오리지널 콘텐츠와 라이선스 프로그램을 구매하고 있다. 릴굿에 따르면 넷플릭스는 2021년 1월 15일 기준, 전체 TV프로그램 중 39%가 오리지널 콘텐츠다. 10편 중 4편이 오리지널이라는 이야기다. 지난 2019년에 비해 14% 포인트 늘어난 수치다. 전통적인 드라마 명가 HBO맥스도 오리지널을 늘리고 있다. 2020년 1월 기준 HBO NOW(MAX의 전신)보다 31% 많은 오리지널을 보유하고 있지만, 서비스 라이선스 TV 프로그램도 40개에서 330개로 늘었다. 이와 관련 릴굿은 자료를 통해 "새로운 구독자를 확보하고 지키기 위해 스트리밍 서비스들은 다른 곳에 없는 독점 콘텐츠를 대폭 늘리고 있다."라고 언급했다.

한편, 프로그램 장르와 관련해선 액션/어드벤처 장르 이용자는 투비를 선호하고, 애니메이션 장르와 코미디에서는 훌루가 앞섰다. 상대적으로 뉴스와 실시간 채널이 방송되는 훌루와 파일로는 범죄와 다큐멘터리에서 두각을 나타냈다. 이와 함께 넷플릭스와 훌루는 역시 가족과 드라마 관객들을 모았다. 장르성이 강한 공포는 투비 이용자가 많이 봤다. 로맨스는 넷플릭스였다.

미국 스트리밍 서비스 중 독점 프로그램 및 콘텐츠의 비중이 가장 많은 서비스는 디즈니+였다. 그다음이 넷플릭스였는데 이 둘은 평균 80%를 넘었다. 독점 콘텐츠의 존재 여부는 구독자 증가 여부에도 크게 작용한다. 아무래도 볼 것이 많으면 새로운 가입자가 들어오게 되어 있다.

구글과 뉴스코퍼레이션, 뉴스 대가 지급계약을 체결하다

월스트리트저널을 소유한 뉴스코퍼레이션(News Corporation)이 구글의 모회사 알파벳과 뉴스 공급 관련 저작권 계약을 체결했다. 기간은 3년이고 계약 범위는 출판물과 오디오, 비디오 콘텐츠 등을 모두 포함한다. 이 계약에 따라 뉴스코퍼레이션은 구글에 게재되는 콘텐츠를 생산한다. 이에 대한 콘텐츠 대가로 구글은 수천만 달러를 지급하기로 한 것으로 전해진다.

돈 해리슨 구글 글로벌 파트너십 회장은 "뉴스코퍼레이션이 생산하는 콘텐츠는 '구글 뉴스 쇼케이스(Google News Showcase)'라고 불리는 새로운 제품을 포함한 몇 가지 플랫폼에 탑재될 것"이라고 말했다. 현재 뉴스코퍼레이션은 월스트리트저널 몇 영국과 호주의 다수 언론사를 소유하고 있다.

새로운 저작권료, 새로운 콘텐츠
뉴스코퍼레이션은 또한 구글 음성 인식 기술과 유튜브 이용자를 위한 새로운 비디오 콘텐츠도 공급한다. 그러나 이들 콘텐츠는 구글 독점은 아니라고 월스트리트저널은 보도했다. 이와 관련 로버트 톰슨 뉴스코퍼레이션 CEO는 "이번 계약은 글로벌시장에서 저널리즘 전반에 긍정적 영향을 미칠 것"이라고 말했다. 사실 그동안 뉴스코퍼레이션을 포함한 메이저 언론사들은 구글을 맹비난해왔다. 언론사들의 승인 없이 뉴스 콘텐츠를 무단으로 사용해 돈을 번다는 이유에서다. 이에 대해 구글은 "우리는 검색만 도울 뿐 대부분의 트래픽은 언론사에 다시 돌아간다."라며 콘텐츠 사용료 지급을 거부해왔다.

이와 관련 호주 의회는 디지털 플랫폼이 뉴스 미디어에 그 대가를 지급하는 것을 강제하는 법안을 검토하기 시작했다. 또 페이스북은 이 의회의 결정에 따라 호주 사용자와 언론사들이 기사를 공유하거나 시청하는 행위를 제한하는 내용을 검토하기로 했다.

새로운 뉴스 기능, 구글 뉴스 쇼케이스

구글은 정면 돌파를 선택했다. 언론사에 대가를 지급하고 뉴스를 또 하나의 상품으로 만들기로 한 것이다. 이 서비스 중 하나가 새롭게 선보이는 구글 뉴스 쇼케이스다. 다양한 언론사들로부터 받은 뉴스 기사의 요약문을 게재하는 콘셉트다. 일단 구글 뉴스 쇼케이스를 클릭한 사용자들은 해당 뉴스 사이트로 자동으로 이동되어 글을 읽을 수 있다.

이 프로그램은 먼저 독일과 브라질에서 시작했고 현재 프랑스와 호주 등으로 확장됐다. 돈 해리슨 구글 글로벌 파트너십 회장은 "뉴스 쇼케이스는 현재 글로벌 시장에서 500개 넘는 언론사들과 파트너십을 맺었다."라고 언급했다. 이와 관련 구글은 "3년 동안 10억 달러 이상의 비용이 언론사에 라이선스 명목으로 지급될 것"이라고 설명했다.

현재 뉴스코퍼레이션도 구글 뉴스 쇼케이스에 월스트리트저널, 마켓워치 (MarktetWatch), 뉴욕포스트(New York Post), 선데이타임스(The Sunday Times), 더 선(The Sun) 등 소속 매체의 기사를 제공한다. 그러나 모든 기사를 제공하지는 않고 구글과의 계약에 따라 제한된 숫자의 유료 기사를 공급한다. 물론 이용자들은 무료로 볼 수 있다. 뉴스코퍼레이션은 지난 2020년 초에 뉴스 집합 서비스 'Knewz.com'를 론칭하면서 뉴스 콘텐츠에 제대로 된 비용 지급을 하지 않는 구글과의 경쟁을 선포한 바 있다.

동영상 및 오디오 뉴스 포맷도 공급

뉴스코퍼레이션은 유튜브를 위한 영상 콘텐츠도 공급한다. 일단 이 콘텐츠는 유튜브로부터 라이선스 비용과 광고비를 모두 받는 모델로 계획하고 있다. 또 구글의 음성 지원 기술과 영국 기반 디지털 오디오 개발 조직 와이어리스 그룹(Wireless Group)을 이용해, 새로운 형태의 팟캐스트 콘텐츠도 만든다. 모두 유료화를 위한 전 단계다. 새로운 오디오 포맷과 관련해 구글은 라이선스 비용을 지급하기로 한 것으로 알려졌다.

이와 관련하여 제이슨 킨트(Jason Kint) 뉴스코퍼레이션 디지털 콘텐츠 대표는 월스트리트저널과의 인터뷰에서 "구글과 뉴스코퍼레이션의 계약은 언론사들이 페이스북이나 구글과 같은 기술 대기업에게 콘텐츠 제공에 대한 정당한 보상을 받는 법의 중요성을 알려줬다."라고 강조했다. 또 킨트는 현재 호주 법안을 지지한다며 이 법이 언론사와 기술 대기업들을 평등한 위치에 놓이게 할 것이라고 설명했다.

뉴스 가치 인정에 대한 다른 기술 대기업의 움직임

구글 외 다른 기술 대기업들도 뉴스 콘텐츠에 대한 보상을 고려하고 있다. 지난 2019년 페이스북은 월스트리트저널을 비롯한 뉴스 언론사에 헤드라인과 일부 뉴스의 요약을 받는 조건으로 뉴스 라이선스 비용을 제공하기로 했다. 또 같은 해 애플은 뉴스 애플리케이션 '애플뉴스+'를 론칭했다. 매달 9.99달러의 구독료를 내고 수백 개의 잡지와 월스트리트저널, 뉴욕타임스 등의 신문을 무제한으로 볼 수 있는 서비스다.

사실 뉴스 유료화와 관련해선 뉴스코퍼레이션이 가장 앞서 있다. 그리고 지속적으로 기술 대기업들이 언론사에 정당한 대가를 지불해야 한다고 주장해왔다. 그래서 구글이나 페이스북과 항상 긴장 관계를 유지해왔다. 지난 2009년 뉴스코퍼레이션의 이사회 의장인 루퍼트 머독은 뉴스를 이용해 돈을 버는 웹사이트를 맹비난했다. 월스트리트저널에 쓴 글에서 머독은 "공짜 점심이 없다는 유명 경제학자의 말에 비유하면 무료 뉴스 기사 같은 것은 없으며, 우리는 우리가 제공하는 가치에 대해 공정하고 정당한 가격을 받을 수 있도록 할 것"이라고 언급했다.

지난 2018년에 루퍼트 머독은 케이블TV 방송사들이 방송 채널에 프로그램 사용료를 제공하는 것과 유사한 방식으로 페이스북과 같은 기술 플랫폼들이 언론사에 뉴스 제공 대가를 지급하는 방안을 제시하기도 했다.

뉴욕타임스,
디지털 어린이 뉴스 론칭

코로나바이러스 대유행 시기에 가장 혼란을 겪었던 분야는 어린이 교육이다. 학교들이 문을 닫으면서 대면 교육이 어려워지자, 그동안 나름 시스템을 갖춰왔던 교육의 개념이 완전히 뒤집혔다. 그래서 일부 미디어들은 어린이 교육에 집중했다. 교육 효과뿐만 아니라 미래 독자를 위한 투자이기도 하다.

이런 분위기에서 어린이 교육을 위해 뉴욕타임스가 나섰다. 악시오스는 뉴욕타임스가 디지털 구독자를 위한 어린이 뉴스를 준비하고 있다고 보도했다. 이름은 '뉴욕타임스 키즈(NYT Kids)'인데 아직은 개발 초기 단계인 것으로 알려졌다. 디지털 구독자 확보는 뉴욕타임스의 미래이기도 하다. 쿠킹이나 크로스워드와 같은 성인 취향의 라이프스타일 디지털 서비스에서 벗어나 미래 구독자인 어린이에 맞춘 상품을 개발하고자 하는 뉴욕타임스의 욕심도 있다. 뉴욕타임스의 스탠드 얼론 서비스 책임자인 데이비드 퍼피치(David Perpich)는 "뉴욕타임스의 가장 중요한 임무는 진실을 찾고 사람들이 세상을 이해하도록 돕는 것이다. 지금까지 우리는 특정한 나이에 집중해 왔지만, 그 임무는 어른이나 청소년에게만 국한되는 것은 아니다."라고 말했다.

뉴욕타임스의 디지털 키즈 뉴스는 지난 2017년에 론칭해 현재 서비스하고 있는 뉴욕타임스 키즈 섹션 지면을 기반으로 확장했다. 이 키즈 섹션은 매주 일요일 가정에 배달된다. 디지털 키즈 뉴스는 8~11세가 주 타깃이다. 뉴욕타임스는 이 콘텐츠가 공예, 요리법, 사고 실험, 신체 활동을 포함한 어린이들의 다양한 탐구 활동에 도움이 될 것으로 보고 있다. 여기에 포함되는 콘텐츠는 '운동을 어떻게 하는가?' 'NASA는 종이비행기를 어떻게 만들까?' '슬픔에 대처하는 법' 등 어린이에게 직접적으로 도움이 되는 것들이다. 지금으로서는 일단 미국에서만 서비스할 것으로 보인다.

뉴욕타임스 키즈 뉴스, 개발 초기 단계

뉴욕타임스의 키즈 뉴스 서비스는 아직 개발 초기 단계다. 서비스를 앞두고 수백 명의 어린이를 대상으로 미리 테스트하고 있다. 그리고 새로운 콘텐츠 개발을 전담할 인력을 별도로 선발하고 있다. 프로그램 매니저, 디지털 에디터, 엔지니어 등이 포함된다.

키즈 디지털 뉴스가 가장 신경 쓰는 부분은 개인 정보 보호다. 일단 뉴욕타임스 키즈는 광고를 하지 않는다. 또 어린이 디지털 온라인 보호법을 준수하기 위해 별도 앱을 이용해 어린이 뉴스를 론칭한다. 어린이 기사를 수익을 위한 수단으로만 쓰지 않겠다는 뜻이다. 소셜 미디어 서비스에도 홍보하는데, 현재 뉴욕타임스는 인스타그램 계정(@NYTKids)을 가지고 있다. 그러나 현행 규정상 인스타그램 계정을 사용하기 위해서는 최소 연령이 13세가 되어야 하기에 마케팅 방법도 새롭게 세팅하고 있다.

치열해지는 어린이 뉴스 시장

뉴욕타임스가 어린이 뉴스 시장에 들어오면서 시장 경쟁이 더욱 치열해질 것으로 보인다. 이 시장에는 이미 유력 매체들이 미래 독자들을 확보하기 위한 싸움을 하고 있다. 영국의 타임스도 어린이 뉴스를 론칭했고, NBC도 메인 뉴스의 어린이 버전을 코로나바이러스 대유행이 한창인 상황에서 내놓은 바 있다. 2020년 4월 뉴미디어 언론 나우디스(Nowthis)도 광고 기반 키즈 뉴스 서비스를 론칭한 바 있다. 뉴욕타임스는 "사실 키즈 에디션의 구독 매출은 그 자체보다 미래 독자를 확

Amid the coronavirus pandemic, parents across the country are juggling it all while attempting to maintain routine and normalcy. NBC NIGHTLY NEWS: KIDS EDITION is a digest of the top headlines, broken down for kids to best understand the world today.

보하는 차원에서도 매우 중요하다."라고 언론 보도를 통해 설명했다.

어린이 뉴스를 비롯한 라이프스타일 콘텐츠는 구독 미디어로의 완성을 위해 매우 중요하다. 라이프스타일 콘텐츠는 독자들을 매일 언론사 사이트에 모이게 한다. 실제로 뉴욕타임스는 쿠킹, 게임, 오디오 상품 제공에 신경을 많이 쓰고 있다. 현재 뉴욕타임스 디지털 구독자 750만 명 중 1/3이 라이프 상품 구독자다.

2020년 실적 발표에서 뉴욕타임스 CEO인 메르디스 코빗 레비엥은 "현재 디지털 구독자를 늘리기 위해 퍼즐 등의 라이프스타일 콘텐츠 제공을 늘릴 계획"이라며 "자사의 소비자 리뷰 웹사이트인 와이즈커터(Wirecutter)의 경우에도 구독서비스를 테스트하고 있다."라고 악시오스와의 인터뷰를 통해 설명했다.

한편 뉴욕타임스는 오는 2025년 유료 구독자 1,000만 명을 목표로 하고 있다. 현재 750만 명 수준이어서 달성이 어려운 상황은 아니다. 뉴욕타임스는 글로벌 영어 뉴스 오디언스를 1억 명으로 보고 있다. 이 목표를 달성하는 데도 어린이 뉴스는 중요하다. 데이비드 퍼피치 뉴욕타임스 스탠드 얼론 프로덕트 책임자는 "어린이 콘텐츠 시장은 매우 크다. 현재 18세 미만의 어린이와 청소년이 있는 미국 가구는 3,300만이나 된다."라고 말했다.

한국은 어린이 뉴스 시장이 거의 존재하지 않는다. 여전히 어른의 시각으로 세상을 보고 어린이에게는 교육적인 콘텐츠만 필요하다고 말한다. 그들이 성숙한 사회 구성원으로 성장할 수 있도록 우리가 도와야 한다. 어린이의 내일과 미디어 기업의 미래를 동시에 만족시키는 기업이 이제 미디어의 중심이 될 것이다. 누가 준비되어 있을까?

스트리밍 서비스 도매상 로쿠, 미국 시장을 장악하다

코로나바이러스 대유행이 로쿠에게 다시 한번 신기록을 안겨줬다. 스트리밍 서비스나 TV 방송 채널을 온라인으로 한 번에 볼 수 있는 스트리밍 플랫폼 로쿠가 2020년 4분기 6억4,990만 달러의 매출을 기록했다. 전년 같은 기간보다 58% 증가한 수치다. 4분기 순이익은 6,520만 달러였다. 이는 미국 증권가의 예측을 뛰어넘는 수준이다. 2020년 12월 말 기준 활성 이용자는 5,120만 명으로 1년 전보다 39% 늘었다.

로쿠의 사업은 크게 3가지다. 스마트TV나 휴대전화에 탑재되는 스트리밍 TV 시청 플랫폼인 '로쿠TV', 일반 TV와 연결해 스트리밍 서비스를 이용하게 해주는 '스트리밍 플레이어' 그리고 각종 액세서리(스트리밍 바) 등이다.

로쿠TV 플랫폼에는 로쿠 채널이라는 광고 기반 무료 스트리밍 채널도 있는데, 로쿠의 사업 영역 중 매우 빠르게 성장하는 부문이다. 로쿠 채널은 2020년 4분기 기준 6,180만 명의 시청 가구를 확보했다. 애초 미국 증권가가 예측한 로쿠의 매출은 낮았다. 리서치 회사 리피니티브(Refinitiv)는 로쿠가 6억1,770만 달러의 매출과 주당 5달러 정도의 손실을 기록할 것으로 예측했다. 콘텐츠 구입에 많은 돈이 투입됐기 때문이다. 나중에 하락으로 마감되긴 했지만, 실적발표 이후 로쿠의 주식은 40% 이상 상승하기도 했다.

하드웨어에서 미디어 플랫폼으로 매출 변화

로쿠의 실적에서 가장 눈에 띄는 부문은 '플랫폼 비즈니스(Platform business)'다. 2020년 4분기 매출이 4억7,120만 달러로 전년 대비 81% 늘었다. 플랫폼 비즈니스의 경우 광고, 구독 비즈니스 등이 포함된다. 로쿠는 "비디오 광고 부문의 성장세가 인상적이었다. 유료 방송을 중단하고 스트리밍 서비스에 가입하는 고객이 늘고 있어 1년 사이 비디오 광고 매출이 배 이상 늘었다."라고 언급했다. 2020년 실적을 요약하면 다음과 같다.

- 총 매출 58% 성장: 17억7,800만 달러
- 플랫폼 매출 71% 성장: 12억6,800만 달러
- 총 수익 63% 성장: 8억800만 달러
- 활성 계정 1,430만 증가: 연말 기준 5,120만 계정
- 연간 스트리밍 시간 209억 시간 증가: 587억 시간
- 1인당 평균 매출 5.62달러 증가: 28.76달러
- 미국 판매 스마트TV의 38%가 로쿠TV 모델

광고를 포함한 플랫폼 부문 매출은 이제 로쿠 전체 매출의 75%를 차지한다. 지난 2019년 63%에서 12%포인트가 늘었다. 로쿠가 스트리밍 하드웨어 판매에서 스트리밍 포털, 로쿠 채널 등 미디어 플랫폼 회사로 진화했음을 의미한다. 이제부터 미디어 플랫폼 확장과 관련한 본격적인 사업을 벌일 것으로 전망된다. 하드웨어 비즈니스에 비해 확장 가능성은 충분하다. 로쿠 사용 증대에는 제공하는 스트리밍 서비스가 늘었다는 점도 한몫했다. 로쿠는 NBC유니버설의 피콕, HBO맥스와의 계약을 마무리했다. 이에 소비자들은 로쿠를 통해 이 두 서비스를 사용할 수 있게 됐다. 로쿠 플랫폼 비즈니스 글로벌 담당 부사장인 스콧 로젠버그(Scott Rosenberg)는 언론과의 인터뷰에서 "로쿠의 전체 사업 부문 실적이 모두 상승하고 있다."라고 말했다.

스트리밍 미디어 디바이스 등의 낮은 수익에 힘들어하던 하드웨어 사업도 1억7,870만 달러의 매출을 기록해 선방했다. 스트리밍 미디어 디바이스는 TV와 인

터넷에 연결해 각종 스트리밍 서비스를 이용할 수 있는 서비스다. 이는 전년 대비 19% 증가한 수치다. 그러나 1년 전에 비하면 성장률은 낮아졌다. 스트리밍 서비스를 이용할 때 하드웨어보다 소프트웨어를 사용하는 비중이 높아졌기 때문이다. 코로나바이러스 대유행으로 인해 사람들이 쇼핑을 많이 하지 않은 이유도 있다. 하드웨어가 포함된 플레이어 비즈니스(Player business)도 거의 이윤이 없었다. 이런 구조 때문에 로쿠는 플랫폼 비즈니스에 더 올인하고 있다.

로쿠, 잇단 콘텐츠 수급으로 이용 시간 급증

매출 증가와 동시에 로쿠 이용 시간도 급격히 늘었다. 2020년 1년 동안 로쿠의 이용 시간은 587억 시간으로 전년 대비 55% 증가했다. 4분기에는 분기 기준 사상 최고인 170억 시간을 기록했다. 이 역시 55%가 증가한 수준이다. 로쿠는 이용 시간을 더 늘리려고 노력 중이다. 이와 관련 2021년 1월 무료 스트리밍 채널인 로쿠 채널을 위해 숏폼 스트리밍 서비스 퀴비의 오리지널 콘텐츠 75개의 글로벌 유통 권한을 확보했다. 퀴비는 할리우드 거물 제프리 카젠버그와 전 휴렛패커드 대표 맥 휘트먼이 설립했는데, 서비스 6개월 만에 문을 닫았다.

퀴비가 제작한 콘텐츠는 2021년부터 로쿠 채널에 포함되는데, 수백 시간에 달하는 분량인 것으로 알려졌다. 버라이어티에 따르면 이번 계약은 1억 달러 이하로 알려졌다. 로쿠는 퀴비 콘텐츠에 큰 기대를 걸고 있다. 그러나 아직 정확한 서비스 일자는 공개되지 않았다. 이밖에 로쿠는 디즈니, NBC유니버설, A+E 네트워크, 디스커버리 등으로부터도 다량의 콘텐츠를 수급했다.

로쿠가 오리지널 콘텐츠 제작을 준비하고 있다는 보도도 있다. 프로토콜(Protocol)은 로쿠가 최근 제작과 관련한 법적 문제를 검토할 변호사 구인 공고를 냈는데 담당 업무에 "오리지널 콘텐츠로의 확장'이라고 적시되어 있었다고 보도했다. 물론 아직 구체적인 일정이나 계획이 밝혀지진 않았다.

이 같은 투자로 로쿠는 계속 매출이 성장하고 있다. 업계는 로쿠의 2021년 1분기 매출이 4억7,800~4억9,300만 달러에 달할 것으로 예상한다. (전년 대비 49~54% 상승) 그러나 1분기는 1,600만 달러~2,300만 달러의 손실이 예측된다.

콘텐츠 수급 비용 때문이다. 만약 오리지널 콘텐츠에 투자할 경우 당분간 손실이 불가피할 것으로 보인다.

코로나바이러스 대유행 이후 로쿠의 전망

2020년 실적이 좋았지만, 2021년은 로쿠에게 도전의 해가 될 것으로 보인다. 2020년 하반기 폭발적으로 성장한 만큼 2021년에는 실적이 조정될 수밖에 없다. 일단 1분기 실적도 전년 대비 뛰어나지 않은 것으로 파악되고 있다. 로쿠는 2021년 매출액에서 매출 원가를 제외한 매출 총이익이 40% 중반이 될 것으로 예상한다. 2020년 로쿠의 매출 총이익은 45.4%였다. 1인당 평균 매출은 1년 사이 24% 증가한 28.76달러다.

다만 향후 모든 스트리밍 서비스의 각축장이 될 스마트TV는 로쿠의 희망이다. 2020년 미국에서 판매된 전체 스마트TV의 38%가 로쿠TV 모델이었다. 로쿠 미디어 플랫폼이 기본 탑재된 TV라는 이야기다. 광고 시장도 다소 나아질 것으로 보인다. 로쿠는 2020년 4분기 미국 6대 광고대행사들이 로쿠 광고 집행을 늘렸다며 2021년에도 광고 집행이 늘어날 것으로 예측했다.

결국 로쿠의 성장은 로쿠에서 서비스하는 스트리밍 서비스들의 성장, 광고 기반 무료 스트리밍 채널인 로쿠 채널의 구독자 확대 등에 의해 결정될 가능성이 크다. 그러나 향후 포털 형태인 로쿠 플랫폼이 아닌 독자적인 미디어 플랫폼으로 서비스하는 사업자가 늘어날 경우, 로쿠도 성장을 장담할 수 없다.

한편, 로쿠는 일종의 스트리밍 서비스의 포털 형태지만, 한국에서 이런 서비스를 하는 사업자는 없다. 과거 CJ헬로비전이 티빙스틱이라는 유사한 서비스를 내놓은 적이 있지만, 자사 케이블TV 상품과 CJ E&M의 콘텐츠를 제공하는 데 그쳤다. 그마저도 서비스가 오래가지 못했다. 그러나 국내 스트리밍 서비스 시장이 커지고 있는 만큼, 이 같은 스트리밍 포털 서비스가 한국에 다시 등장할 가능성이 있다. 스트리밍 서비스를 통합 제공하는 형태도 있지만, 각 스트리밍 서비스가 제공하는 콘텐츠를 소개하는 집합 서비스 포맷도 가능하다.

미국 유료 방송,
코드 커팅 급속히 확산

미국에서 스트리밍 서비스가 급속도로 확산하는 가운데 유료 방송 가입자는 크게 줄어들고 있다. 분석회사 UBS는 미국 주요 유료 방송 플랫폼 가입자가 2020년 4분기 130만 명 줄었다고 밝혔다. 2020년 연간 감소율은 5.1%로 2019년 3분기 4.6%, 4분기 4.8%에 비해 더 심각해졌다. 유료 방송의 수난 시대다. 여기에 유튜브TV, 슬링TV 등 이른바 가상 유료 방송 플랫폼(VMVPD, 인터넷으로 유료 방송을 제공하는 플랫폼)을 제외하면 2020년 4분기 전통 유료 방송 서비스 가입자는 전분기 대비 7.9% 줄었다.

2020년 4분기 현재 미국 전체 유료 방송 플랫폼(위성, 케이블, IPTV 포함) 가입자는 7,840만 명 정도다. 1억 명 이하로 줄어든 지는 오래됐고, 전년에 비해서도 4.3%(350만 명) 줄었다. 그러나 생각보다 심각한 수치는 아니다. 이에 대해 UBS의 애널리스트 존 호두릭(John Hodulik)은 "2021년 감소세가 다소 둔화될 것"이라며 "2020년 가격 인상과 코로나바이러스 대유행으로 인한 급작스러운 분위기가 진정됐다."라고 설명했다.

AT&T 디렉TV, 68만여 명 가입자 감소
방송 사업자별로 보면, 디렉TV(DirecTV)와 디시 네트워크(Dish Network) 등 위성

방송 가입자가 82만2,000명 감소해 가장 많이 줄었다. 이 중 AT&T의 디렉TV는 4분기 67만3,000명이 줄어 감소율 1위였다. 코로나바이러스로 스포츠 중계가 제대로 이뤄지지 않았고, 저소득층을 중심으로 경제적 부담이 가중된 점이 가입자 이탈의 주원인이다. 특히, AT&T는 가상 유료 방송 플랫폼 AT&T TV의 가입자가 7만8,000명 늘었지만, 구독자 이탈을 막기엔 역부족이었다. 케이블TV 사업자의 경우, 전체 가입자가 56만3,000명 줄었다. 이 중 컴캐스트의 감소세가 가장 커 4분기에만 24만8,000명이 떠나갔다.

그 대신 인터넷이나 모바일로 기존 실시간 유료 방송 채널들을 서비스하는 가상 유료 방송 플랫폼 가입자는 소폭 증가했다. 미국 유료 방송 사업자들은 넷플릭스, 디즈니+ 등 스트리밍 서비스를 대적할 보완 서비스로 가상 유료 방송 플랫폼을 내세우고 있다. UBS에 따르면 2020년 4분기 가상 유료 방송 플랫폼 가입자는 18만9,000명 늘어나는 데 그쳤다. 직전 분기 120만 명에서 크게 후퇴한 수치다.

미국 미디어 전문 분석 기관들은 2021년에도 감소세가 이어질 것으로 전망했다. 무디스(Moody's)는 "코로나바이러스 대유행과 미국 대선 영향으로 최근 몇 분기 유료 방송 가입자 감소가 완만했다. 그러나 경제가 회복되고 야외 활동이 재개되면 유료 방송 가입자 절벽이 다시 진행될 것"이라고 예측했다. 올해는 방송 사업자들이 스트리밍 서비스와의 경쟁을 위해 내세우고 있는 가상 유료 방송 플랫폼도 만만치 않은 싸움이 될 것으로 보인다. 급격한 가격 인상 때문이다. 급격히 경쟁력을 잃고 있다.

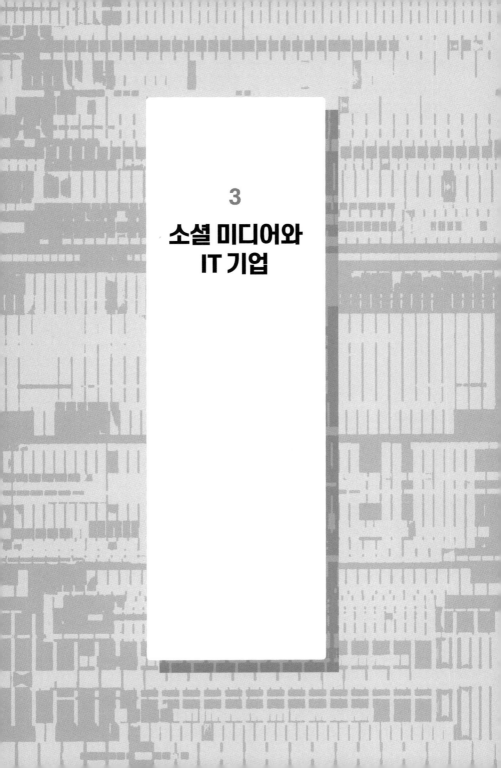

3

소셜 미디어와
IT 기업

알파벳 매출 급증,
클라우드 비즈니스는 아직 투자 단계

코로나바이러스 대유행은 우리에게 위기였지만 구글에는 기회였다. 모두가 집에서 일하고 놀고 근무했던 2020년 4분기 구글 검색과 광고 매출이 크게 늘었다. 동영상 서비스 유튜브 이용도 급증했다.

알파벳, 2020년 4분기 매출 569억 달러

구글과 유튜브의 모회사 알파벳은 2020년 4분기 매출 569억 달러를 기록했다. 전년 대비 109억 달러 증가한 실적이다. 유튜브 광고 매출과 검색 부문 수익이 급증했기 때문이다. 구글의 광고 매출은 전년 대비 22% 오른 462억 달러를 기록했다. 이는 월가의 예상을 뛰어넘는 성적이다. 팩트셋(Factset)에 따르면 애널리스트들은 알파벳이 527억 달러 매출에 광고 수익 423억 달러 정도를 기록할 것으로 예상했다. 매출 급증과 함께 수익도 늘어났다. 알파벳의 2020년 4분기 이익은 전년 93억 달러에 비해 크게 늘어 157억 달러를 넘겼다. 이 역시 애널리스트들의 예상을 훌쩍 뛰어넘는 수준이다. 루스 포랫(Ruth Porat) 구글 CFO는 실적 발표에서 "구글의 검색과 유튜브 부문 매출이 4분기 실적을 주도했다. 소비자와 기업 비즈니스가 코로나바이러스 대유행으로 침체에서 벗어나고 있다."라고 답했다.

유튜브 역시 광고 매출이 크게 뛰었다. 이용자가 늘고 이들이 비디오를 보면서 체류한 시간도 큰 폭으로 증가했기 때문이다. 유튜브 광고 매출은 2020년 4분기 69억 달러로 전년 대비 46% 증가했다. 검색과 기타 부문 매출은 319억 달러로 1년 전보다 17% 증가했다. 필립 쉰들러(Philipp Schindler) 구글 최고 비즈니스 책임자(CBO)는 "유튜브는 이제 모든 TV 네트워크를 합친 것보다 18세에서 49세 시청자에게 더 많이 전달된다."라고 말했다. 이와 관련 쉰들러는 1억 명의 사람들이 TV에서 유튜브를 본다고 언급했다.

참고로 구글은 크게 3개 부문으로 나눠 실적을 발표한다. 구글 서비스에는 검색, 광고, 안드로이드, 크롬 하드웨어, 구글 맵, 구글 플레이, 유튜브 등의 실적이 포함된다. 구글 클라우드(Google Cloud)에는 기술 인프라, 데이터 분석 플랫폼, 기업을 위한 서비스 및 협업 플랫폼 등이 집계된다. 기타 부문 매출(Other Bets)은 웨이모(Waymo) 무인 자동차 사업 매출이 포함된다.

클라우드 비즈니스, 12억 달러 적자 기록

구글은 올해 처음으로 클라우드 부문 매출을 공개했다. 그러나 성적은 만족스럽지 않았다. 매출은 2020년 4분기 38억 달러를 기록했는데 적자가 12억 달러였다. 1년 적자는 56억 1,000억 달러였는데, 구글은 아직은 투자 기간이라고 설명했다. 참고로 아마존은 창업주 제프 베조스가 사임하고 자사의 클라우드 컴퓨팅 비즈니스를 책임지던 앤디 재시(Andy Jassy)를 회사 전체 CEO로 임명했다.

웹 서비스 등을 포함한 클라우드 컴퓨터 사업은 특정 웹사이트와 서버와 사용자에 연결하는 인프라를 제공하는 사업이다. 미국에선 코로나바이러스 대유행 이후 원격 근무가 늘자 클라우드 컴퓨터 사용이 급증하고 있다. 이에 아마존, MS 등 IT 대기업들의 점유율 경쟁이 클라우드 전쟁(Cloud Wars)이라고 부를 정도로 치열해지고 있다. 현재는 아마존 웹 서비스(AWS)가 1위이고, 마이크로소프트의 애저(Azure)가 그 뒤를 쫓고 있다.

구글도 클라우드 서비스에 역량을 집중하고 있다. 2021년 2월 1일에는 포드 자동차를 구글 클라우드 서비스 고객으로 영입했다. 양 사는 차량에서 스트리밍 서비스를 이용하게 하는 등 다양한 차량 내 콘텐츠 서비스를 개발하기로 했다.

2021년 구글의 위기 감지

2020년 4분기 휴가 시즌은 알파벳의 현금 흐름을 크게 개선시켰다. 현금 보유만 265억 달러였다. 2020년 10월에는 현금 보유액이 201억 달러였다. 알파벳은 이 막대한 현금으로 공격적 경영과 함께 기업 인수에 나설 것으로 보인다. 그러나 2021년 사업에 대한 우려도 있다. 2020년 4분기 구글은 정부에 의해 3개의 반독점 소송(antitrust lawsuits)을 당했다. 온라인 상거래와 검색 등의 분야에서 다양하게 제기되고 있는 반독점 소송은 조만간 본격화될 것으로 보인다. 일부에선 구글이 경쟁사를 죽이고 소비자의 정보를 허락 없이 판매하고 있다고 주장한다. 갈등은 해외에서도 진행된다. 호주의 경우 규제 기관이 구글이 언론사 콘텐츠에 제대로 된 보상을 실시하도록 강제하는 법안을 준비 중이다.

회사 운영도 알파벳으로선 어려운 숙제다. 2020년 구글 직원들이 노조를 결성했다. 구글 노조는 회사가 제대로 된 성과 보상과 차별 등 회사 내에서 벌어지는 각종 문제에 대해 직원들과 상의해야 한다고 주장하고 있다. 이와 관련 미국 노동부는 캘리포니아와 워싱턴 일부 지역에서 발생한 고용과 임금 차별과 관련해 구글이 직원들에게 380만 달러의 보상금을 지급하는 데 합의했다고 밝혔다. 현재 구글 직원은 13만 5,000명에 달하는데 노조원도 점점 늘고 있다.

한편, 지난 1월 미국 의회 난동 사건과 관련한 콘텐츠 처리 문제도 도마 위에 올랐다. 일부에선 유튜브가 폭력을 방치하고 있다며 플랫폼 사업자의 면책 조항(Section 230)을 제한해야 한다고 목소리를 높이고 있다.

스냅챗,
일일 사용자 2억6,500만 명 달성

시각 메시지 공유 및 소셜 미디어 서비스 스냅챗을 운영하는 스냅(Snap)이 지난 2020년 4분기 9억1,100만 달러의 매출을 기록했다. 전년 대비 62% 증가한 수치다. 세전 영업이익은 4분기 연속 흑자인 4,500만 달러를 기록했다. 그러나 세금, 이자, 주식 보상 등을 포함한 순이익은 1억1,300만 달러 적자(주당 8달러)였다.

매출 증가의 원인은 이용자 확대였다. 코로나바이러스 대유행 여파 등으로 1년 전보다 22% 늘어난 2억6,500만 명이 매일 스냅챗을 이용했다. 지역적으로는 북미와 유럽 이외 국가 사용자가 폭발적으로 늘었다. 미국 기술 매체 인포메이션은 페이스북이 같은 기간 이용자 수가 15% 증가한 점을 고려하면 상대적으로 좋은 성적이라고 분석했다. 이에 대해 CEO인 에반 스피겔은 "이번 성장은 우리 서비스가 마니아층에서 벗어나 대중적인 인기를 얻고 있다는 것을 의미한다. 특히, 증강현실(AR) 기술을 적용해 쇼핑의 몰입도를 높여주는 등 E-커머스의 혁신을 위해 상당한 노력을 하고 있다."라고 말했다.

블룸버그에 따르면 스냅챗의 앱 내 AR 도구를 이용하는 사람이 하루 1억7,000만 명(2020년 6월 기준)에 달하는 것으로 나타났다. 현재 스냅챗은 약 100만 가지 유형의 증강현실 효과를 제공하고 있다. 이렇듯, 스냅챗은 다른 소셜 미디어 플랫폼과는 다르다. AR, 스마트 렌즈, 스냅 카메라(CG를 이용한 증강현실) 등 IT기술을 적용해 사진 공유 기능을 항상 최적화한다. 흔한 사진 공유는 없다.

숏폼 플랫폼 스포트라이트 이용 증가

스피겔은 또한 "틱톡을 겨냥해 만든 숏폼 동영상 서비스 스포트라이트가 최근 큰 인기를 끌고 있다. 하루에 17만5,000개 이상의 동영상이 올라오고 매달 1억 명 이상이 사용하고 있다."라고 언급했다. 수년 전까지만 해도 스냅챗은 소셜 미디어 창작자들에게 큰 주목을 받지 못했다. 스냅챗은 사라지는 단문 메시지 공유 서비스로 알려졌다. 그래서 동영상을 찍고 올리는 용도로는 대부분 사용하지 않았다. 특히, 동영상을 이용해 돈을 버는 플랫폼은 아니었다. 그러나 틱톡의 성공을 본 뒤 마음이 바뀌기 시작했다. 결국 인플루언서들이 많아져야 이용자가 급증하게 된다는 사실을 인지한 것이다.

스포트라이트는 틱톡이나 인스타그램 릴스(Reels)와 유사하다. 계속해서 콘텐츠를 올릴 수 있고 스트리밍도 끊임없이 이뤄진다. 자동 재생에는 AI 등에 의한 알고리즘이 작용한다. 그래서 틱톡에서 인기 있는 종류가 스포트라이트에서도 여전히 관심 순위에 올라와 있다. 사용자들이 제작한 세로형 영상이 자동으로 재생되며, 화면을 아래로 넘기면 맞춤형 영상을 제공하는 방식도 같다.

틱톡과 스포트라이트의 기본적인 차이는 공개적인 카운트나 코멘트가 없다는 점이다. 또 공개 프로필이 아닐 경우 영상에 작성자의 정보가 표시되지 않는다. 개인 정보 보호를 위해서다. 무엇보다 서비스 론칭 초기, 스냅이 준비한 가장 큰 무기는 경제적 보상이다. 비디오가 공유되면 크리에이터는 수익을 올리게 된다. 인플루언서가 아니어도 상관없다. 어떤 프로모션이나 프로그램에 가입할 필요도 없다. 이용이 매우 간편하다.

스냅챗은 스포트라이트 공개 이후 파격적인 마케팅도 했다. 서비스 공개 이후 2020년 연말까지 매일 100만 달러가 넘는 돈을 크리에이터에게 포상 개념으로 지급했다. 재미있는 영상을 올린 크리에이터들에게 균등하게 제공한 것이다. 이런 인센티브는 소셜 미디어 인플루언서들에게 크게 화제가 됐다.

경쟁에 따른 수익 악화 우려는 악재

이 같은 성장에도 불구하고 스냅은 2021년 2월 4일 실적 공개 이후 7%가량 주가가 급락했다. CFO인 데렉 앤더슨이 "스포트라이트 관련 크리에이터들에게 지급한 보상금 때문에 2021년에 5,000만~7,000만 달러의 손실을 볼 것"이라고 말했기 때문이다. 틱톡을 잡기 위해 돈을 뿌렸지만 아직은 손실만 있는 것이다. 이와 함께 애플이 개인의 위치 정보를 추적하기 힘들게 개인 보호 정책을 바꾸는 상황도 스냅챗의 향후 매출에 영향을 줄 것으로 보인다고 전문가들은 밝혔다. 이는 주가에도 영향을 미칠 것이다. 2020년 스냅은 코로나바이러스 대유행 동안 주가가 3배가량 올랐다. 그러나 2021년 애플의 정책 변경이 확정될 경우 타격이 예상된다. 이에 페이스북 등이 애플을 상대로 소송을 예고했지만, 스냅은 다소 다른 접근방법을 취하고 있다. 에반 스피겔 CEO는 "애플의 파트너와 이용자들에게 모두 이익이 되는 정책"이라고 말했다. 이런 판단은 스냅챗과 페이스북의 기능적 차이 때문이기도 하다. 스냅챗은 소그룹 이용자가 많고 게시물에 대한 포스팅도 허용하지 않는다. 원래부터 사적 교류를 위해 만들어진 만큼 많은 개인 정보를 이용하지 않아도 효율적인 광고가 가능할 수 있다.

이 같은 이유로 스냅의 2021년 실적 예상도 다소 희망적이다. 2021년 1분기 스냅은 7억2,000만 달러~7억4,000만 달러의 매출을 올릴 것으로 예상한다. 당초 월가의 애널리스트들이 예상한 7억520만 달러에 비해 높은 수준이다. 일일 평균 이용자도 2억7,500만 명으로 예상된다. 매출도 전년 대비 46% 성장할 것으로 기대하고 있다.

스냅,
제품 가치와 오리지널 콘텐츠에 집중

스냅(Snap)이 2021년 큰 폭의 광고 매출 상승을 기대하고 있다. 코로나바이러스 대유행으로 소셜 미디어 서비스 전성시대가 열렸지만, 이 가운데서도 새로운 시도와 차별화로 또 다른 역사를 쓰고 있다.

스냅, 이용자 급증으로 광고 매출 증가 예상

스냅은 지난 2월 23일 개최된 투자자의 날 행사에서 스냅챗이 Z세대들 사이에서 인기를 끌면서 향후 몇 년간 50%가 넘는 광고 매출 상승이 예상된다고 전망했다. 스냅의 공동 창업주이자 CEO인 에반 스피겔은 3시간 동안 이어진 투자자의 날 행사에서 이같이 밝히면서 현재 및 미래 비즈니스 모델에 대해 상세히 설명했다. 스냅은 가상현실 카메라, 스냅맵, 채팅, 숏폼 동영상 플랫폼 스포트라이트(Spotlight), 스토리(뉴스 부문) 매출이 현재와 미래의 주력이다.

스피겔은 최근 스냅챗 이용자들과 광고주들 사이에서 증강현실(AR)에 관한 관심과 인기가 급증하고 있다며 이 분야 성장을 언급했다. 그는 "AR은 컴퓨팅 분야에서 향후 주력이 될 것이며 우리가 주도할 수 있는 시장이다. 우리는 여전히 작은 스마트폰 화면에 머무르고 있지만, 미래에는 자기표현의 새로운 시대(a new era of self-expression)가 열릴 것이다."라고 말했다. 스냅챗은 현재 AR 기술과 렌즈를 이용한 다양한 멀티미디어 방식의 채팅을 선보이고 있다. 이와 함께 2015년부터 선보이고 있는 스토리 기능은 도전이 많지만 미래에도 희망이 있다고 전망했다. 스토리는 새로운 형태의 커뮤니티 스토리텔링으로 이용자들이 장소나 이벤트 이야기를 영상으로 포스팅해 구성하는 방식이다.

지난 2018년부터는 CNN, NBC 등 미디어 파트너들도 이 시장에 참여해 이용자들이 만든 허리케인 영상 등을 뉴스에 활용해 새로운 보도 기법을 만들기도 했다. 언론사들은 일반인이 올린 영상에 뉴스나 그래픽 요소를 더해 새로운 스토리텔링을 구현한다. 페이스북도 인스타그램에 이런 스토리 기능을 탑재했고, 심지어 30억 달러에 스냅챗을 인수하려고도 했다. 그러나 지금 스냅챗의 시가 총액은 1,000억 달러를 오르내린다.

데이터가 아닌 제품의 가치에 집중, 성장의 원동력

미국 증권가에서도 스냅챗의 성장에 긍정적이다. 이 회사 프로덕트 부문 부사장은 야곱 앤드레우(Jacob Andreou)는 "스냅챗은 구글이나 페이스북, 트위터 등 데이터 중심의 문화를 구축한 소셜 미디어와는 달리 행동이 아닌 제품 가치"에 집중한다고 언급했다. 고객 정보를 이용한 단순한 광고 비즈니스가 아닌 이용자들의 몰입도를 높이는 새로운 기능과 이야기를 담은 소셜 미디어를 내놓아 새로운 커뮤니티를 형성한다는 전략이다. 사실, 제품에 대한 집중은 스냅의 가장 큰 장점이다. 경쟁사들이 개인 정보, 혐오, 오남용과 독점 문제로 규제 당국과 미 의회에서 조사받고 불려 나갈 때 스냅은 상대적으로 혁신에 몰두할 수 있었다.

스냅챗은 2020년 말 현재 일일 평균 활동 이용자가 2억6,500만 명 정도다. 전년 대비 22% 상승한 수치다. 이 중 13세~24세 젊은 세대가 70%다. 전 세계 기업들이 광고 예산의 절반 이상을 투입하는 미래 세대다. 현재는 미국 디지털 광고 시장의 2% 미만을 차지하고 있지만, 광고 플랫폼으로서의 성장 가능성이 크다. 게다가 2021년 1분기에는 2억7,500만 명 정도의 이용자를 예상하는 등 이용자가 지속적으로 늘고 있다.

또 스냅맵(The Snap Map)도 최근 인기가 높아지고 있다. 사용자들이 친구들과 위치를 공유하는 서비스다. 소상공인들이 이곳에 수억 달러 규모 광고를 하고 있다. 숏폼 동영상 공유 플랫폼 스포트라이트에는 하루 17만 5,000여 개의 동영상이 올라오고 있으며, 2021년 1월 현재 일일 사용자 1억 명을 넘었다.

오리지널 시장에도 진출, 몰입도 높이기 위한 전략

특히, 최근에는 콘텐츠 분야도 넘보고 있다. 투자자의 날 행사에서는 '스냅 오리지널(Snap Original)'이라는 스냅챗에서 유통되는 예능 드라마 콘텐츠에 대한 소개도 있었다. 스냅에 따르면 2020년 반기 기준, 미국 Z세대 85%가 적어도 한 번 이상 스냅 오리지널을 본 적이 있다. 영화배우 월 스미스의 토크쇼 〈Will From Home?〉 등이 인기를 끌고 있고, NBC나 버즈피드 같은 미디어 파트너들도 전용 뉴스를 생산하고 있다. 스냅챗 이용자 대부분이 전통적인 TV를 보지 않는 젊은 세대인 만큼, 광고주들과 미디어들도 협업에 적극적이다. 그리고 오리지널 콘텐츠의 장점은 이용자들은 지속적으로 방문하게 해 스냅의 몰입도 증가에도 긍정적이다.

한편, 사용자 증가로 수익성이 증가하고, 궁극적으로 스냅챗의 매출도 증가했다. 스냅의 2020년 4분기 매출액은 이전보다 62% 증가한 9억 1,100만 달러를 기록했다. 2021년 1분기에는 전년 같은 기간보다 56~60% 증가할 것으로 회사는 분석하고 있다. 실적이 좋아지면서 주가도 계속해서 오르고 있다. 지난 1년간 스냅의 주가는 300% 이상 상승했다. 같은 기간 경쟁사 페이스북과 트위터 등을 넘어서는 성적이다. 미국 S&P500의 주가 상승은 21% 정도였고, 페이스북은 30%, 트위터도 101% 정도 상승했다.

언택트 시대, 온·오프라인의 경계를 허물다

최근 미국 할리우드에서 의미 있는 일이 벌어졌다. 2021년 2월 미국 배우조합과 TV 라디오 예술가 연합(SAG-AFTR)이 조합 내 새로운 분과로 '인플루언서'를 승인한 것이다. 이로 인해 틱톡(TikTok)이나 인스타그램(Instagram) 등에 콘텐츠를 올려 수익을 올리는 인플루언서들도 영화나 TV 배우들의 이익을 대변하는 조합의 일원이 될 수 있게 됐다. 1억 명의 팔로워를 보유한 인플루언서인 16살의 샤를리 다멜리오(Charli D'Amelio)가 21개 오스카상을 받은 메릴 스트립(Meryl Streep)과 같은 조합원이 됐다는 이야기다.

온라인 인플루언서, 배우조합에 합류

이 인플루언서 협정은 최근 콘텐츠 사업의 지형 변화를 보여주는 대표적 사례다. 거대 할리우드 스튜디오들도 이제 인플루언서의 영향력을 무시할 수 없게 됐다는 뜻이기 때문이다. 미국 영화배우 조합(SAG-AFTRA)은 과거 유튜브 크리에이터들에게 문호를 개방한 적이 있으나, 이렇게 모든 인플루언서 세계를 시스템 내로 끌어들인 것은 이번이 처음이다.

가브리엘 카테리스(Gabrielle Carteris) 조합 회장은 성명에서 "인플루언서 협정은 인플루언서들이 만드는 콘텐츠(협찬 콘텐츠)의 특수성에 맞춰 작성됐으며 이제 인플루언서들은 배우조합 일원으로 다양한 보호를 받을 것"이라고 말했다. 이와 관련하여 조합은 '비디오와 오디오 작품'을 만들어 광고 등을 유치하는 인플루언서들도 건강보험 혜택을 포함한 다양한 조합원의 권리를 누릴 수 있다고 설명했다.

틱톡이나 스냅챗, 인스타그램, 그리고 유튜브 등에서 활동하는 인플루언서는 이미 하나의 경제를 이뤘다. 특히, 비정상을 정상으로 만든 코로바이러스 대유행 이후 인플루언서들이 만드는 콘텐츠가 사람들의 생활을 지배하고 있다. 학교 대신 유튜브를 통해 수업을 듣고 친구가 아닌 인플루언서가 추천해주는 옷을 입는 일상이 비대면 시대를 지배하고 있다.

IT기업들, 코로나 이후에도 계속 재택근무 예정

아래 사진은 최근 샌프란시스코 대표 지역 신문인 '샌프란시스코 크로니클'(SFC)이 내보낸 샌프란시스코 중심가의 모습이다. 사람이 없어 마치 죽은 도시 같다. 한때 사람으로 가득했던 샌프란시스코 중심가는 이제 공기만이 공간을 채우고 있다. 관광 명물인 뮤니 버스(Muni Buse)와 지하철 바트(Bart)는 이제 빈 자리가 더 익숙하다. 코로나바이러스가 만든 풍경인데 172년 역사의 타디치 그릴(172-year-old Tadich Grill)도 문을 닫았다.

출처 : 샌프란시스코 크로니클(SFC)

문제는 이 상황이 일상화될 것이라는 점이다. 코로나바이러스가 바꿔놓은 현실이다. 샌프란시스코에 자리한 IT 기업들도 이제 재택근무를 정책적으로 도입하고 있다. 샌프란시스코에서 가장 많은 사무직을 고용하고 있는 기업 중 하나인 세일즈포스(Salesforce)는 1만여 명의 직원 중 상당수를 코로나바이러스 이후에도 일주일에 하루 이상 집에서 근무시킬 계획이다.

샌프란시스코 동쪽 해안가 엠바카데로(Embarcadero)에 자리한 구글은 유연근무제를 실험 중이다. 일주일에 3일가량을 직장에서 근무하고 나머지는 집에서 일하는 시스템이다. 구글은 백신 공급이 확산되고 코로나바이러스가 종식될 때까지 이 시스템을 이어갈 것이라고 밝혔다. 이외 페이스북, 트위터, 드롭박스 등 샌프란시스코에 자리한 IT 기업들이 재택근무를 시스템적으로 도입하고 있다.

코로나바이러스 대유행과 함께 샌프란시스코 기업들이 재택근무를 채택하고 있는 이유 중 하나는 천정부지로 오르고 있는 이 지역의 주거비와 교통비 때문이기도 하다. 대다수 샌프란시스코, 베이 지역 회사들은 직원들의 복지를 위해 이 비용을 지원하는데, 금액이 만만치 않아서 회사들의 부담이 커지고 있다. 따라서 재택근무는 직원들의 안전도 지키고 비용도 아낄 수 있는 일석이조의 선택이다.

그러나 문제도 있다. 앞서 언급했듯, 사람들이 사라진 샌프란시스코 지역 경제는 침체하고 있다. 다운타운의 호텔들은 70%가 넘는 매출 하락에 어려움을 겪고 있다. 코로나바이러스가 세상의 많은 질서를 바꿨다. 그리고 앞으로 이 변화는 일상이 될 것이다.

트위터,
트럼프 퇴진과 함께 찾아온 위기

소셜 미디어 서비스 트위터가 2020년 4분기 미국 증권가의 예상을 뛰어넘는 실적을 달성했다. 트럼프 전 대통령이 애용하던 트위터는 이 기간에 이용자가 증가하는 등 코로나바이러스 대유행 속 굳건한 실적을 보였다. 트위터는 2020년 4분기 글로벌 유료화 일일 활성 이용자 수가 500만 명 늘어 총 이용자 1억9,200만 명을 넘어섰다고 밝혔다. 유료화 일일 활성 이용자는 하루 한 번 이상 로그인해서 광고를 시청하는 사용자를 말한다. 2020년 3분기 1억8,700만 명에 비해 500만 명이 늘어난 수치이며, 1년 전과 비교하면 4,000만 명 증가했다. 미국으로 한정하면, 2020년 4분기 3,700만 명의 유료화 일일 활성 이용자를 기록해 전 분기 대비 100만 명 늘었다.

이용자 증가에 따라 매출도 늘어 트위터는 2020년 4분기 총 12억9,000만 달러의 매출을 달성했다. 전년 같은 기간 대비 28% 늘어난 수치다. 이 기간 순이익은 2억2,200만 달러였다. (주당 이익은 27센트) 일일 사용자 증가는 미국 증권가의 예상을 밑돌았지만, 매출과 주당 이익은 전망을 웃돌았다. 이 실적은 코로나바이러스 대유행 이후 급감한 광고 매출이 서서히 회복되고 있음을 보여주는 지표다. 순이익도 2배 이상 증가했다.

2020년 4분기 트위터의 실적에 많은 사람이 집중했는데, 바로 트럼프 전 대통령과 함께한 마지막 분기이기 때문이다. 트럼프 전 대통령은 8,800만 명의 팔로위를 가진 트위터 헤비유저이자, 문제의 트윗으로 항상 논란의 중심에 섰다. 게다가 2021년 1월 8일 트럼프 지지자들의 미국 의회 공격을 부추겼다는 이유로 계정 이용이 영구 중단됐다. 트위터는 "트럼프 전 대통령이 폭력을 조장하면 안 된다는 규정을 어겼다."라고 중단 이유를 밝힌 바 있다. 전문가들은 트럼프의 트위터 금지는 올해 트위터 이용자 증가에 부정적 영향을 미칠 수 있다고 분석했다.

이에 대해 트위터는 실적 발표에서 트럼프의 부재와 관련한 광고 영향 등에 대해 언급하지 않았다. 그러나 네드 세갈(Ned Segal) 트위터 CFO는 계정 중단 결정이 광고주들에게 긍정적으로 받아들여졌다고 설명했다. 세갈은 "원칙과 정책을 지키고 투명하고 일관성 있게 추진하다 보면, 광고주들이 트위터에 광고를 게재하는 게 좋다고 느낄 것"이라고 말했다. 트위터는 미국 대선 당시 정치 관련 가짜 뉴스 및 확인되지 않은 정보 등에 경고 문구를 붙이기도 했다.

2021년 1분기 트위터는 9억4,000만~1억400만 달러의 매출을 올릴 것으로 보인다. 영업이익은 5,000만 달러 정도의 손실을 기록하거나, 잘하면 손익 분기점을 달성할 수도 있다고 분석했다. 이 수치는 당초 미국 월가의 분석을 약간 밑도는 수준이다. 만약 현재 논란이 되는 애플의 이용자 개인정보보호 정책이 실제로 적용될 경우 실적이 더 떨어질 수 있다.

2020년 트위터는 서비스 이용 시간을 늘리고 맥락 있는 대화를 유도하기 위해 다양한 시도를 했지만 큰 성과를 보지 못했다. 그러나 2021년에도 이런 변화를 이어간다는 계획이다. 현재 구독 모델도 연구 중이다. 아직 정식 서비스가 나오지 않았는데, 코드 네임은 '로그원(Rogue One)'이다. 독점 콘텐츠를 받는 유료 서비스 모델로 예측되고 있다. 트위터의 CEO 잭 도르시(Jack Dorsey)는 "2020년은 일상적이지 않은 전례 없는 한해였다. 2021년에는 광고주, 파트너를 비롯한 트위터 이용자를 위해 건강한 대화를 촉진하려 노력하고 혁신도 계속해 나가겠다."라고 말했다.

미디어 기업은 어떻게
클럽하우스로 돈을 버는가

소셜 오디오 애플리케이션 클럽하우스(Clubhouse)가 온라인을 뜨겁게 달구고 있다. 사실 이 앱은 코로나바이러스 대유행 이전부터 미국에서 인기가 있었다. 그러나 최근 한국에서도 연예인이나 인플루언서들이 잇달아 소개하면서 인기 검색어 1위에 오르기도 할 정도로 뜨겁다. 미국에선 이제 클럽하우스 2단계로 접어든 듯하다. 그렇다면 클럽하우스로 어떻게 돈을 벌고 혹은 어떤 아이디어를 얻을까? 이것이 바로 기업들의 관심사다.

2021년 2월 미국 IT 전문 미디어 버지(Verge)는 "파이어사이드(Fireside)라는 클럽하우스와 유사한 실시간 방송 대화 플랫폼을 마크 큐반(Mark Cuban)이 만들고 있다."라고 보도했다. 마크 큐반은 NBA 댈러스 매버릭스의 구단주이기도 한 괴짜 억만장자다. 또 뉴욕타임스는 페이스북이 클럽하우스과 경쟁하기 위해 유사한 서비스의 개발 초기 단계라고 보도했다. 클럽하우스의 인기에 편승해 유사한 서비스를 준비하는 모양새다. 이에 앞서 트위터도 스페이스(Spaces)와 함께 2020년 12월부터 라이브 대화 기능 테스트에 돌입했다는 기사도 있었다.

이런 시도들은 미국 IT업계에서 무척 흔하다. 하나의 서비스가 잘 되면 경쟁적으로 유사한 기능을 내거나 살짝 비튼 서비스를 출시해 시장을 넓혀가는 정책이다. 지난 2020년 3월에 시장에 선보인 클럽하우스는 여전히 인기다. 2020년 12월 미국 내 클럽하우스 애플리케이션 다운로드 수는 85만2,000건으로 2020년

11월의 5만 7,000건보다 15배 가까이 늘었다. 이런 급격한 성장세는 메이저 미디어 기업들까지도 조바심 나게 했다.

디지털 오디오 콘텐츠에 대한 기업의 투자가 늘고 있다. 큐반의 파이어사이드, 페이스북의 클럽하우스 유사 서비스도 그렇고, 미디어 기업들의 경우에는 클럽하우스의 장점을 활용하여 팔로워를 늘리거나 관련 프로그램을 만드는 쪽으로 비즈니스를 전개한다.

현재 클럽하우스의 TV 섹션은 대형 TV 스타가 아닌 팬 중심의 클럽이 대부분이다. 미국의 몇몇 방송사들은 스스로 계정을 만들고 이들 팬클럽을 후원해 관련 사업을 키우고 있다. 이와 관련 뉴욕타임스는 디지털 스포츠 중계 회사 바스툴 스포츠(Barstool Sports)의 예를 들기도 했다. 현재 클럽하우스의 인기를 이용하는 건 나쁘지 않은 시도다. 파라마운트+ 등 새로 등장한 스트리밍 서비스들을 홍보하는 데에도 효과적일 수 있다. 클럽하우스가 모여서 함께 이야기하는 앱인 만큼, 영화배우나 감독이 클럽을 열어 팬들과 질의응답을 할 수도 있다.

클럽하우스를 이용한 수익화 시도

현재 클럽하우스는 별도의 수익 모델이 없다. 그러나 장기적으로는 수익화에 나서야 기업의 영속성이 보장된다. 문제는 섣부른 유료화가 확장성을 해친다는 점이다. 그래서 기업 후원 중심의 클럽하우스가 만들어질 수밖에 없다. 반대로 미디어 기업들이 특정 유료 팬을 대상으로 '감독이나 배우와의 대화'를 가질 수도 있다.

코로나바이러스 대유행이 끝나면 다른 소셜 미디어 서비스처럼 클럽하우스도 이용량이 떨어질 수 있다. 그래서 이런 미디어 기업들의 참여가 필요할 수 있다. 현재도 이들 기업은 오디오 팟캐스트 등의 부서를 보유하고 있다. 클럽하우스도 팟캐스트 형식으로 발전할 수 있다. 지금은 사용자가 클럽하우스 채팅을 녹화할 수는 없지만, 시간제한 없이 라이브 대화를 할 수 있다는 매력이 있다. 향후 팟캐스트처럼 녹화된 AVOD 클럽하우스가 나올 수도 있다.

이는 코로나바이러스 대유행 시기 내내 팟캐스트 운영을 계속해 온 미국 언론사들에게도 희망적인 미래가 될 수 있다. 2021년 미국 팟캐스트 광고가 2020년에 비해 35%포인트나 높을 것으로 추정되기 때문이다. 클럽하우스의 성장에 현재 팟캐스트의 인기가 더해진다면 새로운 수익 모델이 생길지도 모른다. 지금도 유료 팟캐스트나 루미나리(Luminary)와 같은 오디오 소셜 팟캐스트 등이 존재한다. 2021년 12월에는 대형 미디어 기업에서 팟캐스트 드라마를 준비하고 있기도 하다. 그러나 확장성이 더 필요하다.

애플리케이션 다운로드 조사회사 센서타워에 따르면 수많은 팟캐스트가 있지만, 다양성은 부족하다. 스포티파이(Spotify)는 현재 이 분야의 선두주자다. 센서타워가 팟캐스트 앱으로 분류한 앱 중 스포티파이는 2021년 1월부터 2월 11일 사이에 미국에서만 300만 건 이상 다운로드 됐다. 이 이야기는 스포티파이에 이어 다른 오디오 플랫폼이 성장할 경우, 그리고 현재 오디오 팟캐스트 시장의 콘텐츠가 합쳐질 경우에 새로운 수익 모델이 나올 수 있다는 뜻이다.

습관적 시청에서
의도적 보기로 전환하는 시청자

2020년 이후 코로나바이러스 대유행으로 인해 미디어 지형이 많이 바뀌었다. 그 중 틱톡의 부상, TV 몰아보기(Binge-Watching) 등 디지털 미디어 소비가 계속 증가하고 있다. 물론 이 트렌드는 당분간 이어질 수밖에 없다. 이미 많은 데이터에서 확인되듯, 미국 성인들은 하루 중 많은 시간을 디지털 미디어를 보는 데 소비하고 있다. 그래서 더 이 부분을 자세히 들여다볼 필요가 있다. 실제 사업에서는 피상적인 데이터보다 디지털 미디어 중 어떤 카테고리에 사람들이 열광하는지를

인지하는 노력이 매우 중요하기 때문이다. 커넥티드TV, 스트리밍 서비스, 디지털 오디오, 소셜 미디어 서비스, 숏폼 동영상 등 수많은 디지털 미디어가 소비되고 있다. 이 중 크게 3개 영역의 부상이 눈에 띈다.

커넥티드TV

디지털 미디어의 부상 속 2020년 미국에서 가장 두각을 나타낸 미디어는 스마트TV 등 인터넷 연결이 가능한 '커넥티드TV'다. 코로나바이러스 대유행 속 수많은 사람이 이런 커넥티드TV로 영화, 드라마, 유튜브와 같은 디지털 콘텐츠를 즐겼다. 경제 전문지 인사이더의 분석에 따르면 미국 사람들의 기타 커넥티드 디바이스 시청은 2020년 한 해 33.8%가 증가했다. 요즘 커넥티드 디바이스는 스마트TV, 로쿠, 아마존 파이어 TV 등 스트리밍 디바이스, 플레이스테이션과 같은 게임 콘솔 등 다양하다. 콘텐츠의 비실시간 시청이 늘어남에 따라 앞으로도 이런 커넥티드TV 소비는 더 증가할 것으로 보인다.

구독형 OTT

2020년은 구독형 OTT의 시대였다. 각종 서비스가 등장했고 넷플릭스, 디즈니+ 등 기존 스트리밍 서비스도 이용 시간과 가입자가 대폭 늘었다. 미국의 대표적인 스트리밍 서비스를 언급하자면, 디즈니+, HBO맥스, 피콕, 애플 TV+, 넷플릭스, 아마존 프라임 비디오, CBS 올 액세스, 디스커버리+ 등인데 이미 한 줄을 넘어간다.

물론 여기에 언급하지 않은 사업자도 엄청나게 많다. 조사 결과 2020년 미국 내 스트리밍 서비스 이용은 전년 대비 33.9% 올라 하루 평균 1시간 12분에 달했다. 구독형 OTT에 가입한 사용자들을 대상으로 조사한 결과는 더 높았다. 이들은 1시간 50분 이상 서비스를 이용하면서 지냈다. 직장 근무 시간, 가정 내 여타 활동 등을 고려하면, 하루 2시간은 엄청난 시간이다.

스마트폰

이 결과는 식상할 수 있다. 그러나 스마트폰은 커넥티드TV 및 OTT의 장점을 모두 집결시켜 놓은 디바이스다. 설명할 필요도 없이 스마트폰만 있으면 인터넷도 하고 영화도 보고 스트리밍 서비스로 드라마도 시청할 수 있다. 그래서 코로나바이러스 대유행 기간 이용량이 급격히 늘었다. 이는 과거에도 여러 데이터를 통해 증명된 바 있다.

미국인들은 2020년 이동성이 대폭 떨어졌음에도 그 어느 시기보다 스마트폰에 끌렸다. 2020년 미국 사용자들은 하루 3시간 13분을 스마트폰을 사용하는 데 할애했다. 특히, 코로나바이러스 대유행 속 유튜브나 인스타그램, 틱톡, 스냅챗 등 소셜 미디어 서비스의 사용 증가는 스마트폰 이용 빈도를 더욱 높였다. 게다가 다양한 멀티태스킹 기능의 장점은 앞으로도 스마트폰의 발전 가능성을 더 높인다. 이런 데이터들을 볼 때 집에선 스마트TV, 밖에선 스마트폰이 모든 미디어의 중심이 될 것이 분명하다.

미국인은 앞으로 디지털 미디어를 얼마나 소비할까

비즈니스 인사이더의 전망에 따르면 디지털과 전통 미디어 등을 합친 전체 미디어 소비는 2020년보다 줄어들 것으로 보인다. 백신이 공급되는 등 코로나바이러스 대유행에서 서서히 회복될 것으로 보이기 때문이다. 2020년 13시간 38분(TV 5시간 47분, 디지털 7시간 50분)에서 2021년 13시간 27분(TV 5시간 30분, 디지털 7시간 57분)으로 전체 미디어 시청이 10분가량 줄어들 것으로 전망된다.

그러나 수치에서 볼 수 있듯, 디지털 미디어 시청은 여전히 증가세다. 앞으로도 전체 미디어에서 차지하는 비중은 더 높아질 것으로 보인다. (이 수치는 다양한 행동을 하면서 동시 시청하는 멀티태스킹을 포함한다.)

반대로 지상파TV나 케이블TV 소비 시간은 점점 줄어들 것으로 보인다. 인사이더의 분석에 따르면 TV 소비 시간은 해마다 감소하고 있다. 2018년 -2.3%, 2019년 -3.9%, 2020년 -4.7%였다. 2021년에는 -2.4% 정도의 감소가 예상된다. 좀 더 알기 쉽게 표현하면, 정기적으로 실시간 TV를 보는 미국 성인 시청자가

2억 명 아래로 떨어져 1억9,920만 명에 그칠 것으로 보인다. 미국 성인 인구가 3억3,000만 명 정도인 점을 고려하면, 절반 가까운 사람들이 TV를 보지 않는 것이다. 물론 이들이 미디어를 보지 않는 건 아니다. TV를 보지 않는 시간에 스마트폰으로 드라마를 시청할 수 있다.

시청자가 아닌 미디어 소비자, 목적 시청의 시대

이 조사 결과는 미국인들이 시청자(Viewer)가 아닌 미디어 소비자(Media Consumer)로 바뀌고 있음을 의미한다. 시청자와 미디어 소비자, 속성은 같지만 결과를 찾아가는 과정은 근본적으로 다르다. 과거의 시청 습관은 이제 찾아보기(Search)와 몰아보기(Binge Watch) 등으로 진화하고 있다. 바로 목적 시청이다. 미국 잡지 애틀란틱(The Atlantic)은 이를 수동적인 시청의 카우치 쇼(Couch shows)에서 의도적 미디어(Intentional media)로의 전환으로 부르기도 한다.

보여주는 것을 보는 게 아니라 보고 싶은 것을 찾아보는 시대가 왔음을 말한다. 이는 이미 우리가 경험하고 있는 현실이기도 하다. 물론 한국도 예외는 아니다. 게다가 콘텐츠 제작의 균형이 스테이션(방송사)에서 스튜디오(스튜디오 및 OTT)로 넘어갈 경우, 목적 시청은 현실을 넘어 미래가 될 것이다. 볼 것이 많은 쪽으로 시청자가 몰리는 게 당연하고, 시청자들이 있는 곳에 콘텐츠가 공급되는 현상도 일반적이다. 국내외 다양한 스트리밍 서비스가 등장할 것으로 보이는 올해는 우리의 태세 전환도 예상된다. 한국 미디어 소비자와의 조우를 준비할 때가 왔다.

한편, 최근 코드커팅닷컴(Cordcutting.com)이 조사한 결과를 보면 재미있는 결론을 도출할 수 있다. 사람들이 코드커팅(유료 방송을 중단하고 OTT, 스트리밍 서비스 등으로 옮겨가는 현상)을 하는 이유가 단순히 유료 방송의 비싼 이용료 때문만은 아니라는 것이다. 이 조사에 따르면 많은 소비자들이 방송도 보면서 월 45달러의 스트리밍 서비스도 이용하고 있었다. 미국의 경우 유료 방송과 인터넷을 함께 볼 경우, 평균 168달러 가까이 든다. 스트리밍 서비스 4~5개에 가입할 수 있는 비용이다.

같은 조사에서 케이블TV나 위성방송 가입자들이 평균 4.5개의 스트리밍 서비스를 이용하고 있는 반면, 코드 커터는 평균 4.1개의 스트리밍 서비스를 구독하고 있었다. 비용 문제로 옮겨갔다면 더 많은 서비스를 이용할 여유가 생겼음에도 말이다. 이를 비용으로 환산하면 유료 방송 가입자들은 스트리밍 서비스에 평균 45달러를 사용한 반면, 코드 커터들은 평균 37달러를 지출했다. 결국, 새로운 미디어가 등장할 때 기존 미디어에 지불할 의사가 있는 가입자들이 가격에만 민감한 구독자들보다 먼저 반응한다는 이야기다.

결론적으로 유료 방송 가입자들은 유료 방송을 한 번도 가입하지 않았거나 가입을 중단한 이들보다 스트리밍 서비스에 더 많은 돈을 지불하고 있다. 코드 커터의 자료만 봐도 월 40~60달러를 스트리밍 서비스에 쓰는 비율이 유료 방송 가입자(17.5%)로 가장 많았다. 점점 더 열악해지고 있는 경제 구도를 생각할 때 구독의 가치를 느끼게 하는 노력이 더 절실하다.

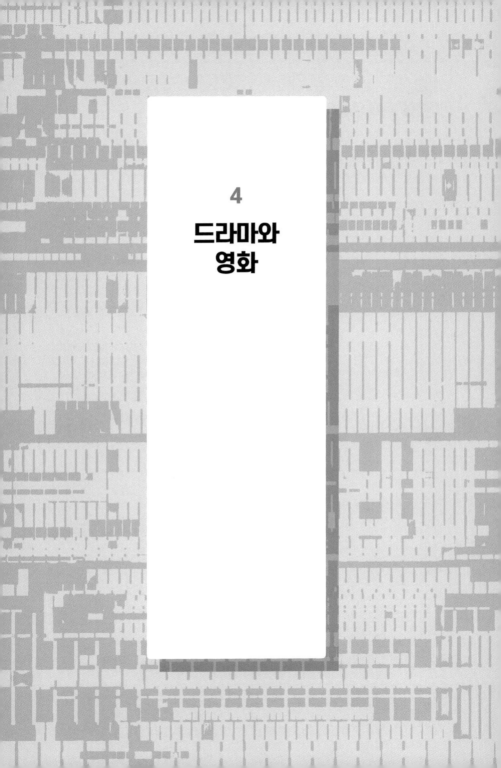

4

드라마와
영화

애플,
TV+를 위해 영화에 올인

2021년 온라인으로 열린 버추얼 선댄스 영화제(virtual Sundance Film Festival)는 관객의 열기를 느낄 수 없었다. 그러나 스트리밍 사업자들에 대한 집중도는 뜨거웠다. 출품작 중 자사의 스트리밍 서비스에 상영할 보석을 찾기 위한 눈길이다. 그래서 좋은 작품은 경쟁이 치열했다. 그러던 중 애플이 행운을 잡았다. 올해 상반기 기대작 중 하나인 〈코다(C.O.D.A.)〉의 상영권을 확보한 것이다. 북미 지역 상영권인데 일단 2,500만 달러다. 올해는 영화제에 출품된 영화만 14,092편에 달했다.

애플, 선댄스 기대작 판권 2,500만 달러에 확보

선댄스 영화제에 저예산 영화가 주로 상영되는 만큼, 이 금액은 인수 규모로는 최고다. 당시 애플과 아마존, 넷플릭스가 치열한 경쟁을 벌인 것으로 알려졌다. 그만큼 애플의 의지가 강했다. 2020년의 경우, 훌루가 2,250만 달러에 판권을 확보한 영화 〈팜 스프링스(Palm Springs)〉가 최고였다.

각본가이자 감독인 시안 헤더(Sian Heder)의 작품인 〈코다〉는 청각 장애인 가족에서 유일하게 들을 수 있는 고3 루비가 주인공이다. 그녀는 가족을 지키는 일과 자신의 꿈을 찾아 떠나고 싶은 욕망 사이에서 괴로워한다. 참고로 C.O.D.A는 청각 장애인의 아이(Child of Deaf Adults)의 약자. 영화는 소리 없이 전달되는 청각 장애인 부모의 마음과 딸의 노래에 대한 열정을 생생하게 잘 그려냈다는 평가를 받았다.

이 영화는 선댄스 영화제 미국 드라마 부문 경쟁작으로 처음 상영됐다. 매력적인 내용에 안정적인 흐름의 이 작품이 공개되자, 판권을 사겠다는 구매자들이 줄을 이었다. 2020년 〈팜 스프링스〉의 입찰가를 뛰어넘었다. 특히, 스트리밍 서비스 사업자들이 판권 확보전에 가세하면서 가격이 급등했다. 시안 헤더 감독은 애플과의 계약에 특히 기뻐했다. 헤더는 "영화에 대한 호평이 이어진 데 대해 크게 감동했다. 애플이 배급 파트너로 결정되어 의미 있고 중요한 경로를 통해 서비스할 수 있게 되어 기쁘다."라고 언론 인터뷰에서 말했다.

애플의 과감한 베팅, TV+ 살릴까

지난 2019년 11월 스트리밍 시장에 진출한 애플은 기대에 많이 못 미치는 상황이다. 눈에 띄는 대표작이 없고, 작품 라인업도 빈약하다. 그나마 유지되는 이유는 애플의 새로운 기기를 구매할 때 1년 무료 이용권을 주기 때문이다. 그래서 일부에서는 애플이 아이폰이나 맥북 같은 하드웨어를 더 많이 판매하기 위해 애플

애플 TV+ 영화 〈코다〉

TV+를 이용하는 거라고 의심하기도 했다.

이랬던 애플이 바뀌고 있다. 예정대로라면 신규 기기 구매 고객을 대상으로 한 애플 TV+ 1년 무료 이용 프로모션이 2020년 11월에 끝나야 하지만, 이를 2021년 6월까지 연장하기로 했다. 오리지널 콘텐츠 라인업도 늘리고 있다. 최근 애플은 애플 TV+에 신작 영화이자 오스카 수상 기대작인 〈팔머(Palmer)〉를 공개했다. 무료 이용 기간을 연장한 만큼 많은 사람이 〈팔머〉를 보기를 원하는 상황이다. 연장된 무료 이용 기간에 새로운 영화를 보면서 가치를 느낀다면 애플 TV+ 구독자로 남을 가능성이 크기 때문이다. 그런 의미에서 〈팔머〉의 오스카상 수상은 애플에게 매우 중요하다.

사실 〈팔머〉의 경우 다른 경쟁작에 비해 주목받지 못했다. 그러나 여전히 오스카 수상 가능성은 있다. 〈팔머〉는 영화 드라마 평가사이트인 로튼 토마토(Rotten Tomatoes)에서 긍정 평가를 70%나 받아 관객 반응도 좋은 편이다. 넷플릭스의 〈마 레이니, 그녀가 블루스(Ma Rainey's Black Bottom)〉, 서치라이트의 〈노마드랜드(Nomadland)〉 등을 제치고 이변을 일으킬 가능성이 있다.

스트리밍 사업자들의 영화 시장 경쟁은 치열하다. 애플은 적어도 양적으로는 불리한 상황이다. 넷플릭스는 올해 매주 한 편의 영화를 공개하기로 했다. 2021년 한 해 동안 70편의 오리지널 영화가 쏟아진다.

반면, 애플은 최근 2년간 스트리밍 서비스에 공개한 영화가 10여 편에 불과하다. 대신 오리지널 콘텐츠를 내놓으면서 넷플릭스 등과 맞서고 있는 형국이다. 그래서 몇 안 되는 작품이지만 입소문이 나길 원한다.

이런 관점에서 애플은 최근 개봉한 톰 홀랜드(Tom Holland) 주연의 〈체리(Cherry)〉와 다큐멘터리 〈빌리 아이리시(Billie Eilish: The World's a Little Blurry)〉의 성공을 바라고 있다. 〈체리〉는 외상 후 스트레스 장애(PTSD)에 시달리는 의무병의 이야기인데 오스카 '최고 영화상(Best Picture Oscar)' 수상도 은근히 점치고 있다. 또 〈빌리 아이리시〉는 다큐멘터리상 수상 자격을 갖추지는 못했지만, 전 세계 7,500만 명의 인스타그램 팔로워를 가진 가수이자 작곡가인 빌리의 인기 덕분에 흥행을 기대하고 있다.

관건은 애플 TV+의 유료 가입자 확보

애플이 무료 이용 기간을 연장했기 때문에 기존 가입자들도 이번 신작 영화들을 볼 수 있을 것이다. 그러나 관건은 이런 영화들이 가입자들의 유료 전환에 어떤 영향을 줄 것인가다. 과거 오리지널 드라마 〈테드 라소(Ted Lasso)〉나 〈테헤란(Tehran)〉 등 호평을 받은 드라마들이 일부 있지만 빈약한 라인업으로 프로모션 외 신규 가입이 별로 많지 않은 것으로 알려져 있다.

버라이어티에 따르면 2020년 4분기 기준, 애플 TV+ 구독자 중 무료 이용자 비중이 62%에 달하는 것으로 알려졌다. 따라서 애플은 6월까지 연장된 무료 이용 프로모션 기간 안에 가입자를 최대한 많이 확보해야 한다. 문제는 같은 조사에서 현재 프로모션 가입자의 29%가 무료 이용 기간이 끝난 뒤 유료로 연장할 생각이 없다고 답한 점이다. 오직 30%만이 월 4.99달러의 비용을 내고 가입을 연장하겠다고 밝혔다. 이를 정리하면 현재 가입자 10명 중 6명이 무료 가입자이고 이 중 2명이 만이 유료로 볼 생각 있다는 얘기다. 희망적으로 전망을 해도 가입자는 현재의 60%까지 떨어진다.

같은 조사에서 디즈니는 통신사인 버라이즌과의 프로모션(특정 인터넷 상품 가입자 대상 1년 무료 이용)으로 디즈니+에 가입한 고객이 전체의 16%에 불과했다. 게다가 이 중 절반 가까운 48%가 무료 기간이 끝나도 계속 가입을 유지하겠다고 밝혔다. 그만큼 충성도가 높다.

충성도 낮은 고객을 가진 애플은 이래저래 쉽지 않은 상황이다. 따라서 신작 영화 라인업으로 최대한 많은 진성 가입자를 모아야 한다. 현재 애플은 애플 TV+ 가입자 수를 밝히지 않고 있다. 그러나 버라이어티가 추정한 미국 내 가입자는 1,450만 명 수준이다. 넷플릭스 등과 경쟁하기에는 턱없이 부족한 수준이다.

신작 영화, 가입자 유지에 큰 도움

더 많은 유료 가입자를 모으기 위해서는 오리지널 콘텐츠를 강화하는 방법밖에 없다. 2021년 1월 현재, 애플 TV+의 오리지널 콘텐츠는 55개(드라마 11개, 코미디 시리즈 6개, 다큐멘터리 13개, 영화 11개, 가족 전문 스페셜 14개 등) 수준이다. 그래서 숫자를 더 늘려야 할 뿐만 아니라 콘텐츠의 재미도 더 끌어올려야 한다. '갈 것이냐 멈출 것이냐' 애플의 고민이 시작됐다. 이런 관점에서 영화 콘텐츠는 구독자 확보를 위해 매우 중요하다. 뉴스나 드라마가 구독자를 유지해 준다면, 좋은 영화는 스트리밍 서비스에서 신규 구독자를 모아준다. 넷플릭스, 디즈니+가 영화 라인업을 늘리는 이유도 여기 있다. 2020년 선댄스영화제에서도 넷플릭스 등은 될 만한 작품을 쓸어모았다. 이들의 신작 영화 전략은 한국 스트리밍 사업자도 고민해봐야 한다. 국내외 영화제 등으로 새로운 피를 적극적으로 수혈할 필요가 있어 보인다. 스트리밍 서비스의 경쟁자는 단순히 TV가 아니기 때문이다.

극장+스트리밍,
하이브리드 개봉 모델의 정착

워너브러더스(Warner Bros)의 형사 스릴러 영화 〈더 리틀 띵스(The Little Things)〉
가 개봉 2주 연속 미국 박스 오피스 1위를 차지했다. 성인 이상이 볼 수 있는 R등
급 영화치고는 괜찮은 성적이다.

이 영화의 흥행 성적에 관심 가는 이유는 스트리밍 서비스(HBO맥스)와 극장
개봉이 같은 날 동시에 이뤄진 작품이기 때문이다. 워너미디어는 올해 개봉하는
모든 영화를 이같은 하이브리드 모델로 개봉하기로 했다. 아직까지는 순항하는

더 리틀 띵스(The Little Things)

모습이다. 스트리밍 서비스 HBO맥스에서 무료 시청할 수 있음에도 불구하고 많은 사람이 극장을 찾았다. 따라서 다른 할리우드 스튜디오들도 새로운 고민을 하게 될 것으로 보인다. 미래가 불확실한 상황에서 영화 개봉을 계속 미루기보다는 스트리밍 서비스와 영화관에 동시에 공개하거나, 짧은 극장 개봉을 거친 뒤 스트리밍 서비스로 직행할 가능성이 크다. 이미 유니버설 스튜디오는 AMC, 리갈시네마(Regal Cinema) 등 미국 상위 극장 체인과 영화 독점 개봉 일자를 3주 이내로 줄이는 데 합의했다. 물론 그 대신 극장에 일정 수준의 VOD 수익을 보전한다. 이 같은 코로나바이러스 개봉모델이 새로운 스탠다드로 정착할 가능성이 크다.

미국 극장 대부분은 아직 정상화 되지 않았다. 컴스코어에 따르면 미국 영화관 60%가 여전히 폐쇄된 상태다. 문을 연 곳도 주 정부의 가이드라인에 따라 수용률을 줄여야 한다. 그래서 〈F9〉, 〈007 노 타임 투 다이〉 등 대형 영화들은 여름 이후로 개봉 시기를 미뤘다.

미국 시장,
해외 콘텐츠 관심 증가

미국인들의 해외 콘텐츠 사랑이 깊어지고 있다. 과거 어느 때보다 많은 해외 TV 드라마, 영화, 다큐멘터리를 보고 있다. 물론 글로벌 프로그램을 흡수한 넷플릭스 등 스트리밍 서비스와 코로나바이러스의 역할이 컸다. 과거 대중문화 콘텐츠에 대한 미국인들의 자존심은 강하기로 유명했다. 19세기 프랑스 사상가 알렉시 드 토크빌(Alexis de Tocqueville)이 말하던 미국 예외주의(American exceptionalism) 가 콘텐츠 분야에 분명히 적용됐다. 다른 나라 영화, TV 프로그램을 잘 보지 않고, 영어 자막도 싫어했다. 역사가 없는 나라에서 짧은 기간 아메리칸 콘텐츠 역사를 만들었다.

미국 밖 콘텐츠 소비 증가

그랬던 미국이 바뀌고 있다. 콘텐츠 영향력 평가 회사 패럿 애널리틱스(Parrot Analytics)에 따르면 2020년 각 분기, 미국에서 소비된 해외 제작 콘텐츠의 비율 이 이전보다 급증했다. 웨이드 페이슨 데니(Wade Payson-Denney) 패럿 인사이트 애널리스트는 "2019년 중반 코로나바이러스 대유행 이전에 시작된 해외 콘텐츠 소비 증가는 2020년 내내 이어졌다."라고 인터뷰를 통해 밝혔다.

미국인 100명 중 2명, 한국 드라마나 영화 시청

패럿은 2020년 3분기 미국 외 지역 생산 프로그램이 미국 내 소비의 30% 가까이 차지했다고 분석했다. 미국 오디언스들은 한국, 인도, 스페인, 터키 등 익숙하지 않던 지역의 콘텐츠를 이전보다 더 많이 소비했다. 이 중 패럿이 뽑은 미국 내 소비 상위 5위 해외 콘텐츠는 이렇다. 2020년 4분기 기준, 영국이 8.3%로 1위였고, 일본이 5.7%로 2위, 캐나다가 3.2%로 3위, 한국이 전체의 1.9%를 차지해 인도(1.5%)에 앞선 4위였다. 패럿은 또 한국 콘텐츠와 함께 인도 콘텐츠가 미국에서 부상하고 있다고 분석했다. 인도의 경우, 그야말로 급부상 중인데, 2018년 1분기 0.3%에서 2020년 말 1.5%까지 올라갔다. 인기를 이끈 대표적인 작품은 인도 스릴러 드라마 〈나긴(Naagin)〉이다. 이 드라마는 패럿에서 미국 내 인도 작품 중 인기 1위를 차지했다.

넷플릭스 등 스트리밍 서비스, 미국 내 문화 다양성 촉매제

미국 내 콘텐츠 다양성의 토양을 만드는 데 넷플릭스가 가장 큰 공헌을 했다. 넷플릭스는 한국, 인도 등 글로벌 지역에서 콘텐츠를 수집해 글로벌시장에 공급한다. 바로 '세계를 위한 지역(Local for Global)' 전략이다. 이어 2억 명 넘는 가입자로 국경을 넘어 콘텐츠의 세계화 혹은 문화적 확산 현상을 만들었다. 넷플릭스 플랫폼을 타고 미국에서도 해외 콘텐츠가 급속히 늘어났다.

넷플릭스의 시대 이전에는 할리우드 스튜디오들이 해외 영화나 TV 시리즈 판권을 사서 미국 포맷으로 다시 만들어 제공하는 형태로 해외 콘텐츠 유통이 이뤄졌다. 그러나 넷플릭스는 글로벌 방송 사업자다. 미국 시장이 포화되자 성장을 위해 해외에도 적극적으로 진출했다. 그래서 해외 시장 공략의 무기로 현지 콘텐츠에 투자했고 이들 콘텐츠를 미국에도 제공하기 시작한 것이다. 세계 각지에서 원재료와 제품을 소싱(Sourcing)하는 다국적 기업의 형태 그대로다. 이런 투자 형태는 글로벌 콘텐츠 시장에 큰 영향을 미쳤다. 이제 미국에서 '글로벌 관문'과 같은 특정 스튜디오나 사업자가 국내외 콘텐츠 거래를 중개하는 형태는 사라지고 있다.

코로나바이러스, 해외 콘텐츠 소비를 이끌다

미국에서 코로나바이러스로 인해 스트리밍 서비스 소비가 급격히 늘었다. 외부 활동이 줄어들면서 집에서 콘텐츠를 보는 시간이 늘었기 때문이다. 스트리밍 사업자들은 늘어난 고객들을 위해 더 많은 프로그램이 필요했다. 그러나 미국 드라마 예능 제작 시설 일부가 문을 닫으면서 공급이 원활하지 않았다.

그래서 TV 방송사들과 스트리밍 사업자들이 해외 콘텐츠를 대거 소개했다. 이렇게 방송된 해외 콘텐츠 중 일부는 큰 성공을 거뒀다. 넷플릭스의 경우 스페인에서 제작된 인질 드라마 〈종이의 집(Money Heist)〉, 프랑스 TV 드라마 〈연예인 매니저로 살아남기(Call my Agent!)〉 등이 많은 주목을 받았다. 이밖에 아마존 프라임 비디오가 구매한 프랑스 형사물 〈뷰로(The Bureau)〉도 2020년 큰 화제를 불러 모았다.

이외 국가별로 인기가 있었던 콘텐츠도 있다. 미국에서 캔콘(CanCon)으로 불리는 캐나다 콘텐츠(Canadian content) 중 드라마 〈시트 크릭(Schitt's Creek)〉은 2020년 에미상을 9개나 받을 정도로 인기를 끌었다. 사실 넷플릭스는 최근 4년 동안 20억 달러를 투자하고 사무실을 만드는 등 캐나다에 많은 공을 들였다.

한국 드라마도 빠질 수 없다. 한국 콘텐츠는 미국에서 양보다 질적 성장이 눈에 띄었다. 〈킹덤 시즌2〉, 〈더 킹: 영원의 군주〉는 미국에서도 팬덤을 만들었다.

넷플릭스 드라마 〈종이의 집〉

일본의 경우에는 유명 캐릭터를 앞세운 애니메이션이 인기가 많았다. 〈포켓몬〉이 앞장섰다. 새로운 인기 콘텐츠를 생산하지 못한다는 점에서 우리의 모습과는 차원이 다르다.

해외 콘텐츠, 소비 장르도 확대

미국 내 해외 콘텐츠 소비 트렌드는 장르를 가리지 않는다. 음악이나 소셜 미디어 서비스, TV, 영화 등으로 확대되고 있다. BTS가 K뮤직 트렌드를 만들고 있는 가운데 다른 나라 출신 가수들도 미국 시장 내 점유율이 올라가고 있다. 블룸버그가 매달 집계하는 인기 음악 상위 25위 가운데, 2021년 1월의 경우, 25개 중 12개가 영어 이외 다른 언어로 된 노래였다. 2020년 4월은 4개였다. 12개 음악 중 5개는 푸에르토리코어, 4개는 콜롬비아어, 2개는 인도어, 1개는 당연히 BTS의 한국어였다.

틱톡(TikTok) 등 소셜 미디어 서비스에서도 해외 콘텐츠의 인기가 높아지고 있다. 특히, 인도나 멕시코 출신 틱톡 스타들이 미국 소셜 미디어 서비스에 속속 침투하고 있다. 2,500만 명 넘는 팔로워를 보유한 인도 출신 틱톡 스타 뷰티 칸(Beauty Khan)은 미국에서도 손에 꼽히는 인플루언서다. 인도의 경우, 현재 틱톡이 금지되어 있지만 미국에 거주하는 인도계 미국인을 겨냥한 콘텐츠는 급속히 늘고 있다.

해외 제작 콘텐츠의 미국 내 점유율이 가장 높은 영역은 TV다. 스트리밍 서비스들은 미국에서 제대로 생산되지 못한 콘텐츠의 빈자리를 해외 프로그램으로 채우고 있다. 콘텐츠 가치 측정 플랫폼인 디젤랩(Diesel Labs)에 따르면 2020년 미국에서 방송된 TV 시리즈 중 21.8%가 해외에서 만들어진 작품들이었다. 2019년에는 18.3%였다. 가장 많이 수입된 장르는 드라마, 액션, 어드벤처였다.

영화의 경우에는 미국 공략의 선봉에 한국 언어로 만들어진 작품들이 있다. 오스카 최고 작품상에 빛나는 봉준호 감독의 〈기생충〉, 골든 글로브 외국어영화상을 수상한 〈미나리〉는 미국 영화지만 한국어로 스토리가 진행된다. 특히, 〈기생충〉은 외국어 영화로는 오스카 92년 역사상 처음으로 최고 작품상을 받았다. 이에 앞서 넷플릭스 영화 〈로마(Roma)〉는 멕시코에서 제작되어 오스카상 10개 부문 수상 후보작에 올랐다.

넷플릭스는 미국 내 해외 콘텐츠 소비를 이끄는 가장 큰 주체다. 2020년부터 넷플릭스는 국가별 상위 인기 10위 프로그램을 뽑는데, 미국 내에서 해외 콘텐츠가 심심치 않게 1위에 오르고 있다. 〈네버 해브 아이 에버(Never Have I Ever)〉는 인도계 미국인이 등장하는 드라마인데, 미국과 인도를 비롯해 10여 개국에서 1위를 기록했다. 비슷한 분위기는 영국 콘텐츠에서도 나타났다. BBC 스튜디오가 만든 넷플릭스 드라마 〈브리저튼(Bridgerton)〉과 〈크라운(The Crown)〉은 미국 내 영국 콘텐츠의 인기를 보여주었다. 세네갈 출신 이민자 2세가 주인공인 〈뤼팽(Lupin)〉은 공개 한 달만에 미국을 포함한 글로벌시장에서 7,000만 명 이상이 시청하며 넷플릭스 톱10에 진입한 첫 프랑스 드라마가 됐다. 괴도 신사 뤼팽의 여러 버전이 있었지만, 흑인 뤼팽이 탄생한 건 이번이 처음이다. 점유율과 함께 문화적 다양성도 넷플릭스를 통해 구현된다.

문화 역전 현상, 우리의 기회는?

미국 내 콘텐츠 다양성 확산에 대해 전문가들은 이제 시작이라는 분위기다. 문화 및 출판 관련 지식 플랫폼 자이트가이드(ZEITGUIDE)의 브래드 그로스먼(Brad Grossman) CEO는 악시오스와의 인터뷰에서 "과거에는 많은 영화인과 연예인들이 미국 문화를 해외에 수출하는 데 앞장섰다. 지금은 오히려 해외에서 인기를 끈 작품들이 미국에 들어오고 있다. 성공을 위한 기본 원칙이 미국 콘텐츠일 필요는 없다."라고 설명했다.

다시 말해, 미국이 여전히 큰 시장이지만, 이곳에서 잘되는 콘텐츠가 미국에서 만들어져야 할 필요는 없다는 이야기다. 그래서 많은 전문가들이 미국 시장에서 해외 콘텐츠의 인기와 성공이 당분간 이어질 것으로 전망하고 있다. 한순간의 바람이라기보다는 이미 하나의 현상으로 자리잡았다는 분석이 강하다. 특히, 스트리밍 서비스의 확산이 해외 콘텐츠의 지위를 더 공고히 할 것이라는 예측이다. 넷플릭스가 이런 트렌드를 만들었고 앞으로 디즈니+, HBO맥스 등에서도 같은 흐름이 이어질 것이라는 예상이 많다.

한국 드라마, 영화는 이미 미국 시장에서 어느 정도 자리 잡았지만, 더 강력한 물길을 만들 필요가 있다. 수출 지상주의자는 아니지만, 많은 미국인이 우리 콘텐츠의 재미를 느끼게 만드는 것은 의미 있는 작업이라고 생각한다. 공교롭게도 물길(Wave)은 우리나라의 어떤 서비스와도 발음이 같다.

78회 골든 글로브 시상식, 넷플릭스와 스트리밍이 빅 위너

영국 엘리자베스 2세 황실의 사생활을 그린 넷플릭스 TV 드라마 시리즈 〈더 크라운〉이 제78회 골든 글로브 시상식에서 최고 TV 드라마에 올랐다. 역시 넷플릭스가 공급한 코미디 드라마인 〈시트 크릭〉도 최고 TV 코미디 부문 수상작에 선정됐다. 이와 함께 미국 서부를 여행하는 여자의 이야기를 담은 저예산 영화 〈노마드랜드〉가 최고 영화상에 올랐다. 여성 감독인 클로이 자오(Chloe Zhao)는 최고 감독상까지 수상하며 역사를 만들었다. 골든 글로브 역사상 두 번째 여성 수상자이며 아시아 여성으로는 최초다. 한국 출신 감독 정이삭이 만들고 스티브 연, 윤여정, 한예리 등이 출연한 영화 〈미나리〉는 최고 외국어 영화상을 수상했다.

스트리밍 전성시대를 확인하다

이번 골든 글로브 수상작을 살펴보면 미국 미디어 생산의 중심이 '스트리밍 서비스'로 옮겨가고 있다는 것을 여실히 확인할 수 있다. 넷플릭스는 총 10개 부문에서 수상했고, 아마존은 〈보랏〉 속편으로 최고 코미디 영화상을 가져갔다. 넷플릭스 역사상 가장 높은 시청률을 기록한 드라마 〈퀸즈 갬빗〉은 최고 TV 미니시리즈상을 받았다.

정리해보면 최고 장편 및 단편 TV 드라마상을 받은 〈더 크라운〉, 〈퀸즈 갬빗〉

은 넷플릭스 작품이고, 서치라이트 영화사의 인디 필름 〈노마드랜드〉는 코로나바이러스 대유행으로 인해 스트리밍 서비스 훌루에서 상영 중이다. 영국 엘리자베스 2세와 그녀의 가족을 다룬 영화 〈더 크라운〉은 4개 부문에서 수상했고, 〈퀸즈 갬빗〉은 2개 부문에서 상을 가져갔다. 시카고 법정을 다룬 영화 〈더 트라이얼 오브 시카고 7〉은 최우수 각본상을 받았다. 이외 애플 TV+는 〈테드 라소〉의 제이슨 수데이키스(Jason Sudeikis)가 TV 코미디 부분 최고 남자 배우상을 받았다. 디즈니+는 픽사 영화 〈소울〉로 최고 흥행 애니메이션 작품상을 받았다.

넷플릭스 등의 선전으로 스트리밍 서비스는 골든 글로브 TV 부문을 석권했다. 총 11개 부문 중 8개 부문(넷플릭스 6개, 아마존과 애플 각 1개)을 휩쓸었다. 비율로는 73%다. 넷플릭스는 영화와 TV 부문을 모두 합쳐 20개 카테고리에 수상작을 올려놓았다. 노미네이트 대비 수상 비율로는 50%다. 반면, HBO는 총 7개 부문에 수상작 리스트를 올렸지만 1개 부문 수상에 그쳤다.

다양성은 더 고민해야 할 숙제

그러나 이번 골든 글로브는 문제도 많았다. 상을 결정하는 할리우드 외신 협회(The Hollywood Foreign Press Association)는 87명의 멤버 중 흑인이 한 명도 없어 논란에 휩싸였다. 또 수상 후보작 관계자들로부터 향응을 받았다는 의혹으로 조사를 받고 있다. 이에 〈시트 크릭〉의 공동 제작자 대니얼 레비(Daniel Levy)는 수상 소감 발표에서 "나는 내년에 이 영화제가 더 넓은 다양성을 담았으면 좋겠다."라고 언급하기도 했다. 지난 1971년 영화 〈콜걸(Klute)〉로 공로상 격인 세실 B 드밀상(Cecil B. DeMille Award)을 받은 제인 폰다(Jane Fonda)도 공개 석상에서 "할리우드는 여성과 유색 인종에게 더 많은 기회를 줘야 한다. 모든 사람의 재능, 모든 이들의 이야기를 들을 수 있어야 한다."라고 언급했다.

제78회 골든 글로브, 한국계 영화 선전

한국 출신 배우와 감독(정이삭)이 만든 미국 영화 〈미나리〉가 미국 골든 글로브

시상식에서 최고 외국어 영화상을 받았다. 당초 이 영화는 미국에서 미국 국적의 감독이 만들었지만, 외국 영화로 분류되어 논란이 됐다. 할리우드 외신 기자 협회도 골든 글로브의 결정을 비판한 바 있다. 그러나 수상 연설에서 정이삭 감독은 "미나리는 가족에 관한 영화다. 가족은 자신들의 언어를 배우기 위해 노력한다. 영어나 외국어보다 마음의 언어에 관한 내용이다."라고 언급했다. 아쉽게도 다른 부문에는 이름을 올리지 못했다.

한편, 일요일 저녁 시간에 NBC를 통해 방송된 골든 글로브 시상식은 수상자들과 시상자들의 비대면 행사로 이뤄졌다. 클로이 자오 등 수상자들은 줌이나 비디오 컨퍼런스콜을 통해 진행자 티나 페이를 만나서 수상 소감을 전했다. 화면에는 그들이 기르는 강아지가 등장하기도 했고, 전화하는 모습 등 자연스러운 상황도 연출됐다. 그러나 시청률은 높지 않았다. 지난 2월 28일 있었던 골든 글로브 시청률도 전년 대비 62%가 감소한 690만 명이었다. 스트리밍에 익숙해진 시청자들은 최소 3시간 이상 이어지는 본선 시상식을 기다릴 여유가 없었다.

한정훈

JTBC 미디어 전문 기자. 방송통신위원회 등 한국의 방송 규제 기관을 취재하며 미디어 산업과 콘텐츠 비즈니스의 변화를 오랫동안 추적해왔다. 2019년 7월부터 이듬해까지 1년간 네바다 리노(Reno)에 자리한 네바다주립대학교 레이놀즈 저널리즘 스쿨에서 방문 연구원으로 근무했다.

이곳에서 윤기웅 교수의 지도를 받아 샌프란시스코, 실리콘밸리, LA 등을 다니며 코로나바이러스 대유행 이후 미디어 시장 변화를 연구하고 글로 남겼다. 특히, 스트리밍 서비스, 할리우드 스튜디오, 뉴미디어 및 로컬 저널리즘, 소셜 미디어 서비스, 인플루언서 등을 집중적으로 취재하고 글을 써왔다. 지금도 미국을 왕래하며 글로벌 미디어 시장의 변화와 한국에 미칠 영향 등에 관해 분석하고 취재하고 있다. 저서로《스트리밍 전쟁》《넥스트 인플루언서》등이 있다.

https://junghoon.substack.com/

글로벌 미디어 NOW

코로나 팬데믹 1년, 대세가 된 스트리밍 서비스

초　판 1쇄 인쇄　2021년 4월 5일
　　　1쇄 발행　2021년 4월 9일

지은이　한정훈
펴낸이　박경수
펴낸곳　페가수스

등록번호　제2011-000050호
등록일자　2008년 1월 17일
주　　소　서울시 노원구 중계로 233
전　　화　070-8774-7933
팩　　스　0504-477-3133
이 메 일　editor@pegasusbooks.co.kr

ISBN　978-89-94651-44-6　03320